胡适 著

# 胡适谈读书

大家
讲谈

百花洲文艺出版社
BAIHUAZHOU LITERATURE AND ART PRESS

# 目 录

CONTENTS

大家
讲谈

# 读　书

"读书"这个题，似乎很平常，也很容易。然而我却觉得这个题目很不好讲。据我所知，"读书"可以有三种说法：

（一）要读何书　关于这个问题，《京报副刊》上已经登了许多时候的"青年必读书"；但是这个问题，殊不易解决，因为个人的见解不同，个性不同。各人所选只能代表各人的嗜好，没有多大的标准作用。所以我不讲这一类的问题。

（二）读书的功用　从前有人做"读书乐"，说什么"书中自有千钟粟。书中自有黄金屋，书中自有颜如玉"，现在我们不说这些话了，要说，读书是求智识，智识就是权力。这些话都是大家会说的，所以我也不必讲。

（三）读书的方法　我今天是要想根据个人所经验，同诸位谈谈读书的方法。我的第一句话是很平常的，就是说，读书有两个要素：第一要精，第二要博。

现在先说什么叫"精"。

我们小的时候读书，差不多每个小孩都有一条书签，上面写十个字。这十个字最普遍的就是"读书三到：眼到，口到，心到。"现在这种书签虽不用，三到的读书法却依然存在。不过我以为读书三到是不够的，须有四到，是"眼到，口到，心到，手到"。我就拿它来说一说。

眼到是要个个字认得，不可随便放过。这句话起初看去似乎很容易，其实很不容易。读中国书时，每个字的一笔一画都不放过。近人费许多功夫在校勘学上，都因古人忽略一笔一画而已。读外国书要把A、B、C、D……等字母弄得清清楚楚。所以说这是很难的。如有人翻译英文，把port看作pork，把oats看作oaks，于是葡萄酒一变而为猪肉，小草变成了大树。说起来这种例子很多，这都是眼睛不精细的结果。书是文字做成的，不肯仔细认字，就不必读书。眼到对于读书的关系很大，一时眼不到，贻害很大，并且眼到能养成好习惯，养成不苟且的人格。

口到是一句一句要念出来。前人说口到是要念到烂熟背得出来。我们现在虽不提倡背书，但有几类的书，仍旧有熟读的必要；如心爱的诗歌，如精彩的文章，熟读多些，于自己的作品上也有良好的影响。读此外的书，虽不须念熟，也要一句一句念出来，中国书如此，外国书更要如此。念书的功用能使我们格外明了每一句的构造，句中各部分的关系。往往一遍念不通，要念两遍以上，方才能明白的。读好的小说尚且要如此，何况读关于思想学问的书呢？

心到是每章每句每字意义如何？何以如是？这样用心考究。但是用心不是叫人枯坐溟想，是要靠外面的设备及思想的方法的帮助。要做到这一点，须要有几个条件：

（一）字典，辞典，参考书等等工具要完备。这几样工具虽不能办到，也当到图书馆去看。我个人的意见是奉劝大家，当衣服，卖田地，至少要置备一点好的工具。比如买一本韦氏大字典，胜于请几个先生。这种先生终身跟着你，终身享受不尽。

（二）要作文法上的分析。用文法的知识，作文法上的分析，要懂得文法构造，方才懂得它的意义。

（三）有时要比较参考，有时要融会贯通，方能了解。不可但看字面。一个字往往有许多意义，读者容易上当。例如turn这字：

作外动字解有十五解，

作内动字解有十三解，

作名词解有二十六解，

共五十四解，而成语不算。

又如Strike：

作外动字解有三十一解，

作内动字解有十六解，

作名词解有十八解，

共六十五解。

又如go字最容易了，然而这个字：

作内动字解有二十二解，

作外动字解有三解，

作名词解有九解，

共三十四解。

以上是英文字须要加以考究的例。英文字典是完备的；但是某一字在某一句究竟用第几个意义呢？这就非比较上下文，或贯串全篇，不能懂了。

中文较英文更难，现在举几个例：

祭文中第一句"维某年月日"之"维"字，究作何解？字典上说它是虚字。《诗经》里"维"字有二百多，必须细细比较研究，然后知道这个字有种种意义。

又《诗经》之"于"字，"之子于归""凤凰于飞"等句，"于"字究作

何解？非仔细考究是不懂的。又"言"字人人知道，但在《诗经》中就发生问题，必须比较，然后知"言"字为联接字。诸如此例甚多。中国古书很难读，古字典又不适用，非是用比较归纳的研究方法，我们如何懂得呢？

总之，读书要会疑，忽略过去，不会有问题，便没有进益。

宋儒张载说："读书先要会疑。于不疑处有疑，方是进矣"。他又说："在可疑而不疑者，不曾学。学则须疑。"又说："学贵心悟，守旧无功。"

宋儒程颐说："学原于思。"

这样看起来，读书要求心到；不要怕疑难，只怕没有疑难。工具要完备，思想要精密，就不怕疑难了。

现在要说手到。手到就是要劳动劳动你的贵手。读书单靠眼到，口到，心到，还不够的；必须还得自己动动手，才有所得。例如：

（1）标点分段，是要动手的。

（2）翻查字典及参考书，是要动手的。

（3）做读书札记，是要动手的。札记又可分四类：

（a）抄录备忘。

（b）做提要，节要。

（c）自己记录心得。张载说："心中苟有所开，即便札记。不则还塞之矣。"

（d）参考诸书，融会贯通，做有系统的著作。

手到的功用。我常说：发表是吸收智识和思想的绝妙方法。吸收进来的知识思想，无论是看书来的，或是听讲来的，都只是模糊零碎，都算不得我们自己的东西。自己必须做一番手脚，或做提要，或做说明，或做讨论自己重新组织过，申叙过，用自己的语言记述过，——那种智识思想方才可算是你自己的了。

我可以举一个例。你也会说"进化"，他也会谈"进化"，但你对于

"进化"这个观念的见解未必是很正确的，未必是很清楚的；也许只是一种"道听途说"，也许只是一种时髦的口号。这种知识算不得知识，更算不得是"你的"知识。假使你听了我句话，不服气，今晚回去就去遍翻各种书籍，仔细研究进化论的科学上的根据；假使你翻了几天书之后，发愤动手，把你研究所得写成一篇读书札记；假使你真动手写了这么一篇《我为什么相信进化论》"的札记，列举了：

（一）生物学上的证据，

（二）比较解剖学上的证据，

（三）比较胚胎学上的证据，

（四）地质学和古生物学上的证据，

（五）考古学上的证据，

（六）社会学和人类学上的证据。

到这个时候，你所有关于"进化论"的知识，经过了一番组织安排，经过了自己的去取叙述，这时候这些知识方才可算是你自己的了。所以我说，发表是吸收的利器；又可以说，手到是心到的法门。

至于动手标点，动手翻字典，动手查书，都是极要紧的读书秘诀，诸位千万不要轻轻放过。内中自己动手翻书一项尤为要紧。我记得前几年我曾劝顾颉刚先生标点姚际恒的《古今伪书考》。当初我知道他的生活困难，希望他标点一部书付印，卖几个钱。那部书是很薄的一本，我以为他一两个星期就可以标点完了。那知顾先生一去半年，还不曾交卷。原来他于每条引的书，都去翻查原书，仔细校对，注明出处，注明原书卷第，注明删节之处。他动手半年之后，来对我说，《古今伪书考》不必付印了，他现在要编辑一部疑古的丛书，叫做"辨伪丛刊"。我很赞成他这个计划，让他去动手。他动手了一两年之后，更进步了，又超过那"辨伪丛刊"的计划了，他要自己创作了。他前年以来，对于中国古史，做了许多辨伪的文字；

他眼前的成绩早已超过崔述了，更不要说姚际恒了。顾先生将来在中国史学界的贡献一定不可限量，但我们要知道他成功的最大原因是他的手到的工夫勤而且精。我们可以说，没有动手不勤快而能读书的，没有手不到而能成学者的。

第二要讲什么叫"博"。

什么书都要读，就是博。古人说："开卷有益"，我也主张这个意思，所以说读书第一要精，第二要博。我们主张"博"有两个意思：

第一，为预备参考资料计，不可不博。

第二，为做一个有用的人计，不可不博。

在座的人，大多数是戴眼镜的。诸位为什么要戴眼镜？岂不是因为戴了眼镜，从前看不见的，现在看得见了；从前很小的，现在看得很大了；从前看不分明的，现在看得清楚分明了？王荆公说得最好：

> 世之不见全经久矣。读经而已，则不足以知经。故某自百家诸子之书，至于《难经》《素问》《本单》诸小说，无所不读；农夫女工，无所不问；然后于经为能知其大体而无疑。盖后世学者与先王之时异矣；不如是，不足以尽圣人故也。……致其知而后读，以有所去取，故异学不能乱也。惟其不能乱，故能有所去取者，所以明吾道而已。（《答曾子固》）

他说："致其知而后读。"又说："读经而已，则不足以知经。"即如《墨子》一书在一百年前，清朝的学者懂得此书还不多。到了近来，有人知道光学，几何学，力学，工程学……等，一看《墨子》，才知道其中有许多部分是必须用这些科学的知识方才能懂的。后来有人知道了论理学，心理学……等，懂得《墨子》更多了。读别种书愈多，《墨子》愈懂得多。

所以我们也说，读一书而已则不足以知一书。多读书，然后可以专读一书。譬如读《诗经》，你若先读了北大出版的《歌谣周刊》，便觉得《诗经》好懂的多了；你若先读过社会学，人类学，你懂得更多了；你若先读过文字学，古音韵学，你懂得更多了；你若读过考古学，比较宗教学等，你懂得的更多了。

你要想读佛家唯识宗的书吗？最好多读点伦理学，心理学，比较宗教学，变态心理学。无论读什么书总要多配几副好眼镜。

你们记得达尔文研究生物进化的故事吗？达尔文研究生物演变的现状，前后凡三十多年，积了无数材料，想不出一个单简贯串的说明。有一天他无意中读马尔图斯的人口论，忽然大悟生存竞争的原则，于是得着物竞天择的道理，遂成一部破天荒的名著，给后世思想界打开一个新纪元。

所以要博学者，只是要加添参考的材料，要使我们读书时容易得"暗示"；遇着疑难时，东一个暗示，西一个暗示，就不至于呆读死书了。这叫做"致其知而后读"。

第二，为做人计。

专工一技一艺的人，只知一样，除此之外，一无所知。这一类的人，影响于社会很少。好有一比，比一根旗竿，只是一根孤拐，孤单可怜。

又有些人广泛博览，而一无所专长，虽可以到处受一班贱人的欢迎，其实也是一种废物。这一类人，也好有一比，比一张很大的薄纸，禁不起风吹雨打。

在社会上，这两种人都是没有什么大影响，为个人计，也很少乐趣。

理想中的学者，既能博大，又能精深。精深的方面，是他的专门学问。博大的方面，是他的旁搜博览。博大要几乎无所不知，精深要几乎惟他独尊，无人能及。他用他的专门学问作中心，次及于直接相关的各种学问，次及于间接相关的各种学问，次及于不很相关的各种学问，以次及毫不相关的各种泛览。这样的学者，也有一比，比埃及的金字三角塔。那金字塔（据最近《东方杂志》，第二十二卷第六号，页一四七）高四百八十英尺，底边各边长七百六十四英尺。塔的最高度代表最精深的专门学问；从此点以次递减，代表那旁收博览的各种相关或不相关的学问。塔底的面积代表博大的范围，精深的造诣，博大的同情心。这样的人，对社会是极有用的人才，对自己也能充分享受人生的趣味。宋儒程颢说的好：

须是大其心使开阔：譬如为九层之台，须大做脚始得。

博学正所以"大其心使开阔"。我曾把这番意思编成两句粗浅的口号，现在拿出来贡献给诸位朋友，作为读书的目标：

为学要如金字塔，要能广大要能高。

原载一九二五年四月二十八日《京报副刊》

# 为什么读书

青年会叫我在未离南方赴北方之前在这里谈谈,我很高兴,题目是为什么读书。现在读书运动大会开始,青年会拣定了三个演讲题目。我看第二题目怎样读书很有兴味,第三题目读什么书更有兴味,第一题目无法讲,为什么读书,连小孩子都知道,讲起来很难为情,而且也讲不好。所以我今天讲这个题目,不免要侵犯其余两个题目的范围,不过我仍旧要为其余两位演讲的人留一些余地。现在我就把这个题目来试一下看。我从前也有过一次关于读书的演讲,后来我把那篇演讲录略事修改,编入三集《文存》里面,那篇文章题目叫做《读书》,其内容性质较近于第二题目,诸位可以拿来参考。今天我就来试试为什么读书这个题目。

从前有一位大哲学家做了一篇《读书乐》,说到读书的好处,他说:"书中自有千钟粟,书中自有黄金屋,书中自有颜如玉。"这意思就是说,读了书可以做大官,获厚禄,可以不至于住茅草房子,可以娶得年轻的漂亮太太(台下哄笑)。诸位听了笑起来,足见诸位对于这位哲学家所说的话不十分满意。现在我就讲所以要读书的别的原因。

为什么要读书?有三点可以讲:第一,因为书是过去已经知道的智识学问和经验的一种记录，我们读书便是要接受这人类的遗产；第二，为要读书而读书，读了书便可以多读书；第三，读书可以帮助我们解决困难，应付环境，并可获得思想材料的来源。我一踏进青年会的大门，就看见许多关于读书的标语。为什么读书？大概诸位看了这些标语就都已知道了，现在我就把以上三点更详细的说一说。

第一，因为书是代表人类老祖宗传给我们的智识的遗产，我们接受了这遗产，以此为基础，可以继续发扬光大，更在这基础之上，建立更高深更伟大的智识。人类之所以与别的动物不同，就是因为人有语言文字，可以把智识传给别人，又传至后人，再加以印刷术的发明，许多书报便印了出来。人的脑很大，与猴不同，人能造出语言，后来更进一步而有文字，又能刻木刻字；所以人最大的贡献就是过去的智识和经验，使后人可以节省许多脑力。非洲野蛮人在山野中遇见鹿，他们就画了一个人和一只鹿以代信，给后面的人叫他们勿追。但是把智识和经验遗给儿孙有什么用处呢？这是有用处的，因为这是前人很好的教训。

现在学校里各种教科，如物理、化学、历史，等等，都是根据几千年来进步的智识编纂成书的，一年、两年，或者三年，教完一科。自小学、中学，而至大学毕业，这十六年中所受的教育，都是代表我们老祖宗几千年来得来的智识学问和经验。所谓进化，就是叫人节省劳力，蜜蜂虽能筑巢，能发明，但传下来就只有这一点智识，没有继续去改革改良，以应付环境，没有做格外进一步的工作。人呢，达不到目的，就再去求进步，而以前人的智识学问和经验作参考。如果每样东西，要个个人从头学起，而不去利用过去的智识，那不是太麻烦吗？所以人有了这智识的遗产，就可以自己去成家立业，就可以缩短工作，使有余力做别的事。

第二点稍复杂，就是为读书而读书。读书不是那么容易的一件事情，不读书不能读书，要能读书才能多读书。好比戴了眼镜，小的可以放大，糊涂的可以看得清楚，远的可以变为近。读书也要戴眼镜。眼镜越好，读书的了解力也越大。王安石对曾子固说："读经而已，则不足以知经。"所以他对于本草、内经、小说，无所不读，这样对于经才可以明白一些。王安石说："致其知而后读。"

请你们注意，他不说读书以致知，却说，先致知而后读书。读书固然可以扩充知识；但知识越扩充了，读书的能力也越大。这便是"为读书而读书"的意义。

试举《诗经》作一个例子。从前的学者把《诗经》看作"美""刺"的圣书，越讲越不通。现在的人应该多预备几副好眼镜，人类学的眼镜、考古学的眼镜、文法学的眼镜、文学的眼镜。眼镜越多越好，越精越好。例如"野有死麕，白茅包之。有女怀春，吉士诱之"；我们若知道比较民俗学，便可以知道打了野兽送到女子家去求婚，是平常的事。又如"钟鼓乐之，琴瑟友之"，也不必说什么文王太姒，只可看作少年男子在女子的门口或窗下奏乐唱和，这也是很平常的事。

再从文法方面来观察，像《诗经》里"之子于归"、"黄鸟于飞"、"凤凰于飞"的"于"字；此外，《诗经》里又有几百个的"维"字，还有许多"助词"、"语词"，这些都是有作用而无意义的虚字，但以前的人却从未注意及此。这些字若不明白，《诗经》便不能懂。再说在《墨子》一书里，有点光学、力学；又有点经济学。但你要懂得光学，才能懂得墨子所说的光；你要懂得各种智识，才能懂得《墨子》里一些最难懂的文句。总之，读书是为了要读书，多读书更可以读书。最大的毛病就在怕读书，怕读难书。越难读的书我们越要征服它们，把它们作为我们的奴隶或向导，我们才能够打倒难书，这才是我们的"读书乐"。若是我们有了基本的科学知识，那末，我们在读书时便能左右逢源。我再说一遍，读书的目的在于读书，要读书越多才可以读书越多。

大家
讲读

志摩兄：

新月書店的事，承你細想過。現在決定主意，對於董事會提出下列条件请：

(1)请准我辞去董事之職。

(2)我前次投资以三股——江冬秀、张鹏程、胡思杜——请准退还给我，由我全数收回。

(3)我自己的一股，也请诸君准予退还，我甚感激。情愿不取官利红利。

(4)我的白话文学史，已排好三万四千字，苦不能完成，不能付印。请诸君准我取回，由明年还纸版与打纸收之费用。此書已隆重广告费，尽由我補。

我现在决计脱離新月書店，很光明想通，但此是个人私事，诸君個个是很亲密的朋友。

右四项，千万请你提出下次董事會。

生一百元是件大事，收股资三百元更是大事。我不敢把诚信之言託人，须请我亲把这四项理由，要请诸公原谅。

我惟此一两理由，要请诸公原谅。

胡适。
十七年二月廿日

第三点，读书可以帮助解决困难，应付环境，供给思想材料。知识是思想材料的来源。思想可分作五步。思想的起源是大的疑问。吃饭拉屎不用想，但逢着三叉路口，十字街头那样的环境，就发生困难了。走东或走西，这样做或是那样做，有了困难，才有思想。第二步要把问题弄清，究竟困难在那一点上。第三步才想到如何解决，这一步，俗话叫做出主意。但主意太多，都采用也不行，必须要挑选。但主意太少，或者竟全无主意，那就更没有办法了。第四步就是要选择一个假定的解决方法。要想到这一个方法能不能解决。若不能，那末，就换一个；若能，就行了。这好比开锁，这一个钥匙开不开，就换一个；假定是可以开的，那末，问题就解决了。第五步就是证实。凡是有条理的思想都要经过这步，或是逃不了这五个阶段。科学家要解决问题，侦探要侦探案件，多经过这五步。

这五步之中，第三步是最重要的关键。问题当前，全靠有主意（Ideas）。主意从哪儿来呢？从学问经验中来。没有智识的人，见了问题，两眼白瞪瞪，抓耳挠腮，一个主意都不来。学问丰富的人，见着困难问题，东一个主意，西一个主意，挤上来，涌上来，请求你录用。读书是过去智识学问经验的记录，而智识学问经验就是要用在这时候，所谓养军千日，用在一朝。否则，学问一些都没有，遇到困难就要糊涂起来。例如达尔文把生物变迁现象研究了几十年，却想不出一个原则去整统他的材料。后来无意中看到马尔萨斯的人口论，说人口是按照几何学级数一倍一倍的增加，粮食是按照数学级数增加，达尔文研究了这原则，忽然触机，就把这原则应用到生物学上去，创了物竞天择的学说。读了经济学的书，可以得着一个解决生物学上的困难问题，这便是读书的功用。古人说："开卷有益"，正是此意。读书不是单为文凭功名，只因为书中可以供给学问知识，可以帮助我们解决困难，可以帮助我们思想。又譬如从前的人以为地球是世界的中心，后来天文学家科白尼却主张太阳是世界的中心，绕着地球而行。

据罗素说，科白尼所以这样的解说，是因为希腊人已经讲过这句话；假使希腊没有这句话，恐怕更不容易有人敢说这句话吧。这也是读书的好处。有一家书店印了一部旧小说叫做《醒世姻缘》，要我作序。这部书是西周生所著的，印好后在我家藏了六年，我还不曾考出西周生是谁。这部小说讲到婚烟问题，其内容是这样：有个好老婆，不知何故，后来忽然变坏，作者没有提及解决方法，也没有想到可以离婚，只说是前世作孽，因为在前世男虐待女，女就投生换样子，压迫者变为被压迫者。这种前世作孽，起先相爱，后来忽变的故事，我仿佛什么地方看见过。后来忽然想起《聊斋》一书中有一篇和这相类似的笔记，也是说到一个女子，起先怎样爱着她的丈夫，后来怎样变为凶太太，便想到这部小说大约是蒲留仙或是蒲留仙的朋友做的。去年我看到一本杂记，也说是蒲留仙做的，不过没有多大证据。今年我在北京，才找到了证据。这一件事可以解释刚才我所说的第二点，就是读书可以帮助读书，同时也可以解释第三点，就是读书可以供给出主意的来源。当初若是没有主意，到了逢着困难时便要手足无措，所以读书可以解决问题，就是军事、政治、财政、思想等问题，也都可以解决，这就是读书的用处。

我有一位朋友，有一次傍着灯看小说，洋灯装有油，但是不亮，因为灯芯短了。于是他想到《伊索寓言》里有一篇故事，说是一只老鸦要喝瓶中的水，因为瓶太小，得不到水，它就衔石投瓶中，水乃上来。这位朋友是懂得化学的，于是加水于灯中，油乃碰到灯芯。这是看《伊索寓言》给他看小说的帮助。读书好像用兵，养兵求其能用，否则即使坐拥十万二十万的大兵也没有用处，难道只好等他们"兵变"吗？

至于"读什么书"，下次陈钟凡先生要讲演，今天我也附带的讲一讲。我从五岁起到了四十岁，读了三十五年的书。我可以很诚恳地说，中国旧籍是经不起读的。中国有五千年文化，"四部"的书已是汗牛充栋。究竟有几部书应该读，我也曾经想过。其中有条理有系统的精心结构之作，二千五百年以来恐怕只有半打。"集"是杂货店，"史"和"子"还是杂货店。至于"经"，也只是杂货店，讲到内容，可以说没有一些东西可以给我们改进道德增进智识的帮助的。中国书不够读，我们要另开生路，辟殖民地，这条生路，就是每一个少年人必须至少要精通一种外国文字。读外国语要读到有乐而无苦，能做到这地步，书中便有无穷乐趣。希望大家不要怕读书，起初的确要查阅字典，但假使能下一年苦功，继续不断做去，那末，在一二年中定可开辟一个乐园，还只怕求知的欲望太大，来不及读呢。我总算是老大哥，今天我就根据我过去三十五年读书的经验，给你们这一个临别的忠告。

**本文为一九三○年十一月下旬胡适在上海青年会的演讲，文稿经胡适校正**

原载一九三○年十二月至一九三一年二月
《现代学生》第一卷第三、五期

# 读书的习惯重于方法

读书会进行的步骤，也可以说是采取的方式大概不外三种：

第一种是大家共同选定一本书本读，然后互相交换自己的心得及感想。

第二种是由下往上的自动方式，就是先由会员共同选定某一个专题，限定范围，再由指导者按此范围拟定详细节目，指定参考书籍。每人须于一定期限内做成报告。

第三种是先由导师拟定许多题目，再由各会员任意选定。研究完毕后写成报告。

至于读书的方法我已经讲了十多年，不过在目前我觉到读书全凭先养成好读书的习惯。读书无捷径，是没有什么简便省力的方法可言的。读书的习惯可分为三点：一是勤，二是慎，三是谦。

勤苦耐劳是成功的基础，做学问更不能欺己欺人，所以非勤不可。其次谨慎小心也是很需要的，清代的汉学家著名的如高邮王氏父子，段茂堂等的成功，都是遇事不肯轻易放过，旁人看不见的自己便可看见了。如今的放大几千万倍的显微镜，也不过想把从前看不见的东西现在都看见罢了。谦就是态度的谦虚，自己万不可先存一点成见，总要不分地域门户，一概虚心的加以考察后，再决定取舍。这三点都是很要紧的。

其次还有个买书的习惯也是必要的，闲时可多往书摊上逛逛，无论什么书都要去摸一摸，你的兴趣就是凭你伸手乱摸后才知道的。图书馆里虽有许多的书供你参考，然而这是不够的。因为你想往上圈画一下都不能。更不能随便的批写。所以至少像对于自己所学的有关的几本必备书籍，无论如何，就是少买一双皮鞋，这些书是非买不可的。

青年人要读书，不必先谈方法，要紧的是先养成好读书，好买书的习惯。

原载一九三五年五月十四日《大学新闻周报》

# 中国书的收集法

　　王(云五)先生告诉我说，众位在这里研究图书馆学，每星期请专家来讲演。我这个人，可以说是不名一家。白话文是大家做的，不能说专家；整理国故，实在说不上家。所以我今天来讲，并不是以专家的资格。并且我今天所讲的，是书的问题。书这样东西，没有人可以说是专家的，是图书馆范围非常广博，尤其更不配说专家。我家里书很多，可是乱七八糟，没有方法去整理。当我要书的时候，我写信去说：我要的书是在进门左手第三行第三格。我的书只是凭记忆所及，胡乱的放着。但是近来几次的搬家，这个进门左手第几行第几格的方法，已经不适用了。现在我的书，有的在北平，有的在上海，有的在箱子里，有的在书架上。将来生活安定了，把所有的书集在一处布置起来，还须请众位替我帮忙整理。因为我是完全不懂方法的。

　　近来我在国内国外走走，同一些中国图书馆家谈谈，每每得到一个结论，就是：学图书馆的人很多，但是懂得书的人很少，学图书馆的人，学了分类管理就够了，于是大家研究分类，你有一个新的分类法，他有一个新的分类法，其实这个东西是不很重要的。尤其是小规模的图书馆。在小图书馆里,不得已的时候,只须用两种方法来分类:一是人名,一是书名就够了。图书馆的中心问题,是要懂得书。图书馆学中的检字方法,分类方法,管理方法,比较起来是很容易的。一个星期学几个星期练习就可以毕业。但是必定要懂得书,才可以说是图书馆专家。叫化子弄猴子,有了猴子,才可以弄;舞棍,有了棍,才可以舞。分类法的本身是很抽象的。书很少,自然没有地方逞本事;有了书也要知道它的内容。这本Pasteur的传,应该放在什么地方?是化学家呢,还是生物学家,医学或卫生学,就彷徨无措。无论你的方法是如何周全精密,不懂得内容,是无从分类起的。图书馆学者,学了一个星期,实习了几个星期,这不过是门径。如果要把他做终身的事业,就要懂得书。懂得书,才可以买书、收书、鉴定书、分类书。众位将来去到各地服务的时候,我要提出一个警告,就是但懂得方法而不懂书是没有用的。你们的地位,只能做馆员,而不能做馆长的。

今天我所要讲的,是怎样去收集书。收书是图书馆很重要的事。可是要收的,实在不少,有旧书,有新书,有外国书,有中国书。外国书自然是懂得外国文字的,才有收的方法。如果不懂得外国文字,便是讲也没有用处的,要懂书,有三个重要的办法:(一)爱书,把书当做心爱的东西,和守财奴爱钱一样。(二)读书,时时刻刻的读,继续不断的读。唯有读书才能懂书。最低的限度也要常常去看。(三)多开生路。生路多了自然会活泛。因此外国语不能不懂。一日语,二英语,三法语,四德语,五俄语,能多懂了一种,便多了一种的好处。生路开的多了,才能讲收书,无论旧的,新的,中国的,外国的,都得知道他的内容,这样,便是分类也有了办法。

我今天的题目是"中国书的收集法"。吴稚晖先生这几年来常说中国的线装书,都应该丢到毛厕里去。这句话在精神上是很可赞成的。因为在现在的中国,的确应该提倡些物质文明,无用的书可以丢掉,但是他安顿线装书的法子,实在不好。毛厕不是摆书的好地方,而且太不卫生。所以我提议把线装书一起收集起来，放到图书馆里去。所谓束之高阁。整理好了，备而不用，随时由专门学者去研究参考。那么中国书当如何收集呢？从前收集中国书，最容易犯两个大毛病：一是古董家的收集法，一是理学家的收集法。

古董家的收集法，是专讲版本的，比方藏书，大家知道北平的藏书大家傅沅叔先生。他收书，就不收明朝嘉靖以后的书。清朝的书，虽也收一点，但只限康熙、雍正、乾隆三朝的精刻本。亦有些人更进一步非宋不收，而且只限于北宋；他们以为北宋版是初刻本，当然更好。不论是那一种书，只要是宋版，便要收藏。因此这一类书，价钱就很贵。譬如《资治通鉴》，是一部极平常的史书，什么地方都可以买，好古的收藏家，如果遇见宋刻的《资治通鉴》，都千方百计的要弄到他，就是花三千五千一万两万而得到一部不完整的本子，也是愿意的。现在刚刻出来的一本《宋刑统》这一部书，包括宋朝一代的政治法令，本来没有人注意到。大理院刻了这部书，在历史上很占重要的地位，可是古董式的收藏家，他不肯花数十块钱去买一部《宋刑统》却肯花三千五千一万两万买不完整的宋刻《资治通鉴》。拿这种态度收书，有许多毛病：（一）太奢侈，用极贵的价钱收极平常的书，太不合算，诸位将来都是到各地去办小规模的图书馆的，这种图书馆当然没有钱做这样的事情。便是有钱我以为也不必的。（二）范围太窄。譬如说，明朝嘉靖以后的书，一概不收。清朝本子刻得好的，才收一点。他们收的书，都是破铜烂铁，用处实在很少，只有古董的价值，完全没有历史的眼光。惟有给学者作校刊旧本之用。比方一部宋版的《资治通鉴》，他因为刻得最早，比较的错误的可能性少一点。如果用他去校刊旁的版本，当然有许多利益。诸位写一篇千字的文章，自己初抄的时候，抄错一个字，可是给人家第二次抄录的时候，就错了两个字。这样以讹传讹，也许会错到五六字十余字的。如果把原本对照，就可以改正好多。所以买旧本的用处，至多只有供校刊学者的校刊而已。如果要使人知道古书是怎么样子的，那么说句干脆话，还不如交给博物院去保存的好，而且严格的说一句，宋本古本不一定是好的。我们一百年来晓得校刊本子不在乎古而在乎精。比方ABC三个本子。在宋朝时候据A本校刊成为D本便称宋版。而E本呢，是收ABC三本参考校刊而成的可说是明本，这样看来，明本也许比宋本精粹些，说明如左（下）：

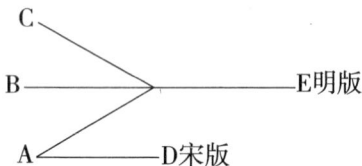

```
C
 \
  \
B ——————————————E明版
  /
 /
A ——————D宋版
```

理学家的收集法，是完全用理学家的眼光来收书的。这一种收集法比古董家还不好。古董家的眼光，如果这本书是古的他就收去，比方《四部丛刊》中的太平乐府是刻得很坏的，这里面的东西，都是元朝堂子里的姑娘所唱的小曲子，经杨朝云编在一处，才保存到现在。如果撞在道学家手里，早不知到什么地方去了，古董家因为看见他难得，所以把他收进去，使我们晓得元朝的小曲子，是一种什么样子的东西。董康先生翻刻的《五代史平话》，原是极破烂的一本书，但是因为古的关系，居然有人把他刻出来保全了这个书，这是第一种比第二种好的地方。还有一种好处，就是古董家虽然不懂这破烂的书，可是放着也好，要是用道学家的眼光收书，有很大的毛病。《四库全书》是一个很大的收集（collection）。但是清乾隆皇帝所颁的上谕，和提要中，口口声声说是要搜集有关世道人心的书。这我们查书的几篇上谕，就可以知道。所以他小曲子不要，小学不要。他所收的，都是他认为与世道人心无妨碍的。拿这个标准收书，就去掉了不少不少有用的书。他的弊端很大：（一）门类太窄。《四库全书》是大半根据《永乐大典》集出来的。《永乐大典》的收集法，乱七八糟，什么书都收

（上）◎《四库全书》
（下）◎《永乐大典》

23

在里面。戏也有，词曲也有，小学也有，他的收法，是按韵排列的。譬如这部戏曲是微韵，就收入微韵里。可是到了清朝，那些学者的大臣，学者的皇帝，带上了道学家的幌子，把《永乐大典》中保存的许多有用的书，都丢掉了。自此用道学的眼光收书，门类未免太狭。（二）因人废言。用道学家的眼光收书，常常因人的关系，去掉许多有用的书。比方明朝的严嵩，是当初很有名的文学家，诗文词赋，都占极高的地位，可是在道学家的眼光看来，他是一个大奸臣，因此《四库全书》中，便不收他的东西。又如姚广孝，是永乐皇帝——明成祖的功臣。他是一个和尚，诗文都好。但是他因为帮永乐篡位，所以他的作品也不被收，又像明末清初的吴梅村等，都是了不得的人材。三百年来，他的文字，要占极高的地位。不过因为他在明朝做了官，又在清朝做官，便叫他贰臣。他的作品，也就不能存在。（三）因辞废言。用道学家的眼光收书，对于人往往有成见。其实这是很可笑的，往往因文字上忌讳的缘故，把他的作品去掉，这是很不对的。譬如用国民党的眼光去排斥书，是有成见的。用共产党的眼光去排斥书，也是有成见的。同为某种事实而排斥某种书，都讲不过去的。《四库全书》中有许多书不予收入，而且另外刊入禁书目录，有些明朝末叶的书，有诋毁清朝的，都在销毁之列。因此用道学家的眼光收书，是很不对的。（四）门户之见太深。门户之见，道学家最免不掉。程朱之学与陆王之学，是互相排斥的，两者便格格不入。所以程朱的一流对于王学每认为异端拒而不收；王阳明的东西尚不肯收，那么等而下之，自然不必说了。王派对于朱派，也积口诋毁。至于佛家道家，也在排斥之列。《四库全书》关于道家的，完全没有放进去。在中国这学派门户之见实在很多，总而言之，门类太窄，因人废言，因辞废言，或者为了学派门户的成见，以批评人的眼光抹煞他的书，这样收书，就冤抑了许多有价值的书。如果在一百余年以前，他们的眼光，能放得大些，不要说把销毁的书保留起来，如能将禁书收进去，也可为我们保留了不少的材料。在那个时候，没有遭大乱，太平天国的乱事没有起，圆明园也没有烧毁，假如能放大眼光，是何等的好。可是因为中了这种种的毒，所以永远办不到。

今天我讲的，是第三种方法。这个方法，还没有相当的有名字，我叫他杂货店的收书法。明白的说，就是无书不收的收书法。不论什么东西，如果是书，就一律都要。这个办法，并不是杜撰的，上次顾颉刚先生代表广州中山大学，拿了几万块钱出来收书，就是这样办法。人家笑话他，他还刊了一本小册说明他的方法。这书，王先生也许看见过。他到杭州、上海、苏州等处，到了一处，就通知旧书铺，叫他把所有的书，统统开个单子，就尽量的收下来。什么三字经，千字文，医书，和从前的朱卷都要。秀才的八股卷子也要，账簿也要，老太太写的不通的信稿子也要，小热昏，滩簧，算命书，看相书，甚至人家的押契，女儿的礼单，和丧事人家账房先生所开的单子和杠夫多少，旗伞多少，如何排场等的东西都要。摊头上印的很恶劣的唱本，画册，一应都收了来。人家以为宝贝的书，他却不收。他怕人家不了解，印了一个册子去说明，可是人家总当他是外行，是大傻子，被人笑煞。不过我今天和诸位谈谈，收集旧书，这个方法最好。他的好处在那里呢？（一）把收书的范围扩大所谓无所不收。不管他是古，是今，是好版本，是坏版本，有价值，没有价值，统统收来，材料非常丰富。（二）可免得自己来去取。不懂得书，要去选择，是多么麻烦的事。照这样子的收书，不管他阿猫阿狗，有价值，没有价值，一概都要。如果用主观来去取书，选择书，还是免不掉用新的道学家的眼光，来替代老的道学家的眼光。是最不妥当的事。（三）保存无数的史料。比方人家大出丧，这个出丧单子，好像没有用处。但是你如果保存起来，也有不少的用途，在历史上，留下一个很好的记载。像虞洽卿先生的夫人死了，就有大规模的出丧，仪仗很盛。那时人家只看见了这样的出丧，却没有人去照相去详细记

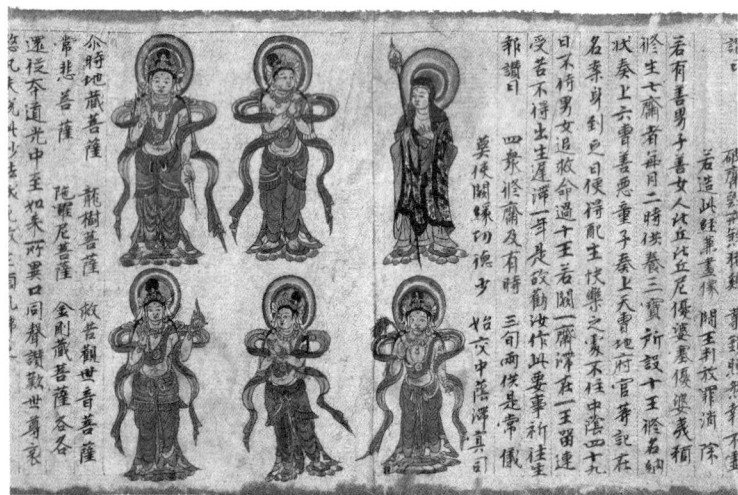

载。如果找到了虞先生的账房先生，要了那张单子，就知道他这次出丧多少排场，多少费用，给社会学者留下很好的材料。将来的人，也可以知道在中华民国十七年〇月〇日，上海〇〇人家，还有这样的大出丧。这种史料是再好不过的。（四）所费少而所收多，譬如八股文现在看来是最没用的东西，简直和破纸一样，可以称斤的卖去；可是八股文这种东西，在中国五百年的历史上来占极重要的地位。几百万最高的阶级——所谓第一类人材的智识阶级，把他全部的精神，都放在里面，我们想想，这与五百年来学者极有关系的东西，是不是历史上最重要的材料；而且这个东西，再过十年八年，也许要没有了。现在费很少的钱，把他收了，将来价格一贵，就可不收。而且还可以一集二集的印出来卖钱，什么成化啊，宏治啊，嘉靖啊式式都有。到没有的时候，也许会利市三倍呢。（五）偶然发现极好的材料。这种称斤的东西，里面常有不少的好材料。如果在几十斤几百斤破烂东西中，得到了一本好材料，所费的钱，已经很值得了。

有人问我，你不赞成古董家的收书法，又不赞成道学家的收书法，那么这个杂货店的收书法，原则是什么呢？当然杂货店不能称是原则，他的原则是用历史家的眼光来收书。从前绍兴人章学诚，（实斋）他说："六经皆史也。"人家当初，都不相信他，以为是谬论。用现在的眼光来看这句话，其实还幼稚得很。我们可以说："一切的书籍，都是历史的材料。"中国书向来分为经史子集四类，经不过是总集而已。章学诚已认他是史。史当然是历史。所谓集，是个人思想的集体，究其实，也渊源于史，所以是一种史料。子和集，性质相同，譬如《庄子》《墨子》，就是庄子、墨子的文集，亦是史料。所以大概研究哲学史，就到子书里去找。这样看来，一切的书，的确是历史的材料。

虞洽卿家里的礼单是历史，算命单也是历史。某某人到某某地方算命，就表示在民国〇年〇月〇日还有人算命。是很好的一种社会历史和思想史料，《三字经》和《百家姓》，好像没有用了，其实都是史料。假如我做一部中国教育史，《三字经》和《百家姓》，就占一个很重要的地位，必须研究他从什么时候起的，他的势力是怎么样。又像描红的小格子，从前卖一个小钱一张，他在什么时候起的，什么时候止的，都是教育史上的好材料，因为从前读书，差不多都写这种字的。从前有某某图书馆征求民国以前的《三字经》刻本，都没有征求到，可知道这种东西到了没有的时候，是极可贵的。我小时候读书，把南京李广明记的很熟，因为所读的《三字经》《千字文》《百家姓》和《学而》——《论语》首章等。都是从李广明来的。李广明在教育史上，也有一个相当的地位，此外如《幼学琼林》啊，《神童诗》啊，《千家诗》啊，都是教育史料。至于八股文乃是最重要的文学史料，教育史料，思想史料，哲学史料。所谓滩簧、唱本、小热昏，也是文学史料，可以代表一个时代的平民文字。诸位要知道文学中最重要的一部分，乃是大多数人最喜欢唱，喜欢念，喜欢做的东西。还有看相的书，同道士先生画的符，念的咒，都是极好的社会史料，和宗教史料，思想史料。婚姻礼单，又是经济史料和社会史料。讲到账簿可以说是经济史料。比方你们要研究一个时代的生计，如果有这种东西做参考，才能有所根据，得到正确的答案。英国有人（Rojers）专门研究麦价，便是到各地去专找账簿。麦子在某年是多少钱一担？价格的变迁如何？农家的出产多少如何？他是专门搜集农家教堂和公共机关的账簿来比较研究的。这种种的东西，都是极有价值的社会经济史料。我记得我十岁十一岁时记账，豆腐只是三个小钱一块。现在拿账簿一看，总得三个铜板一块，在这短短的时期中，竟增加到十倍。数十年后，如果没有这种材料，那里还会知道当时经济的情况。倘使你有关于和尚庙尼姑庵等上吊的材料，你也可收集起来。因为这是社会风俗史的一部。人能用这种眼光来看书，无论他是有无道理。都一概收集，才是真正收书家的态度，我们研究历史，高明的固然要研究；就是认为下流的，也要研究；才能确切知道一时代的真象。高明到什么地步？下流到什么地步？都要切切实实的研究一下。

　　谈到文学，杜工部李太白的诗，固然是历史上的重要文学，应该懂的；然而当时老百姓的文学，也占同一的地位，所以也必懂得。李杜的东西，只能代表一般贵族的历史，并不能说含有充分的平民历史；老百姓自己的东西才是真正的平民历史。《金瓶梅》这一部书，大家以为淫书，在禁止之列，其实也是极好的历史材料。日本的佛教大学，还把他当作课本呢，这个就可见他有历史的眼光。《金瓶梅》是代表明代中叶到晚年一个小小的贵族的一种情形，譬如书中的主人，有一个大老婆五个小老婆，还有许多姘头，一家的内幕，是如此如此，如果没有这种书，怎么能知道当时社会上一般的情况。此外如《醒世姻缘》小说，不但可以做当时家庭生活的材料，还可知道从前小孩子怎样上学堂，如何开笔做八股文，都是应该知道的事；要有种种材料给我们参考，我们才能了然于胸中。因此我们的确应该知道，王阳明讲些什么学说，而同时《金瓶梅》中的东西亦应当知道的。因为王阳明和《金瓶梅》同是代表十五世纪到十六世纪一般的情形，在历史上，有同样的价值。无论是破铜烂铁，竹头木屑，好的坏的，一起都收，要知道历史是整个的，无论那一方面缺了，便不成整个。少了《金瓶梅》，知道王阳明，不能说是知道十六世纪的历史；知道《金瓶梅》，去掉王阳明，也不能说是知道十六世纪的历史。因此《圣谕广训》是史料，《品花宝鉴》也是史料，因为他讲清朝一种男娼的风气，两者缺了一点，就不能算完全。我们还要知道历史是继续不断的变迁的，要懂的他变迁的痕迹，更不能不晓得整个的历史是怎样。拿最近的事情说，国民党容共时代所出的公文布告标语，他的重要与分共时代所出的标语公文布告占同一的地位。而且你们如果不懂容共时代的东西，也断不能懂得现在的东西。

材料不在乎好坏，只要肯收集，总是有用处的。比方甘肃敦煌石室里的破烂东西，都是零落不全的，现在大家都当他宝贝，用照像版珂罗版印了几页，要卖八元，九元，二十元的价钱。我们到北京去，也得看见一点敦煌石室中的东西。敦煌石室中的东西，是甘肃敦煌县东南的一个石窟（叫做莫高窟）里所藏的书。敦煌那个地方有一个千佛洞，在佛教最盛的时候，有二三百座庙，石室里都是壁画，大概是唐人的手笔；亦有六朝晋朝时候的壁画。因为北方天气干燥，所以都没有坏。有一个庙是专门藏书用的。当初没有刻本，只有写本。有的是蝇头细楷，有的是草字，差不多式式都有。其中佛经最多，亦有雕本，恐怕是世界上最早的了。这里面有和尚教徒弟的经卷，有和尚念的经咒，女人们刺血写的符篆，和尚的伙食账簿，小和尚的写字本子，和唱本小调，就是敦煌的公文，也留在里面。有许多书，有年代可考，大概在西历五百年起，到一千一百十年的光景——东晋到宋真宗时。这许多年代中，有很多的材料，都不断的保存在这个和尚庙里。到了北宋初年，那里起了战乱，和尚们恐怕烧掉，就筑了墙，把一应文件都封在中间。大概打仗很久，和尚们死的死，逃的逃，从宋真宗时封起，一直到清末庚子年，墙坏了，就修理修理，也不知道中间有什么东西。直到庚子年——西历1900年，一个道士偶然发现石室中的藏书，才破了这个秘密。可是这个道士也不当他是宝贝，把他当符篆来卖钱，说是可以治病的。什么人头痛就买一张烧了灰吃下去，说是可以医头痛；什么人脚痛，也买一张烧了灰吃下去，说是可以医脚痛。这样卖了七八年，到了1907年，才有洋鬼子来了。那是英国的史坦因（Stein），他从中亚西亚来，是往北探险去的。他并没有中国的学问，据说他有一个助手王世庭，学问也并不高明，不过他曾听见在敦煌发现了许多东西，就去看看，随便给他多少钱买了大半去。因为不好拿，就捆了几大捆，装着走了。过了半年那是1908年，法国学者伯希和（Pelliot）来了，他是有名的学问家，他的中国学问，恐怕中国学者，也不能及他。不过伯希和（Pelliot）很穷，只能够在敦煌选了二千多卷，拿到北京，他是很诚实的，还去问问人家，请教人家，于是大家就知道了敦煌有这个东西。清朝的学部也得了这个消息，就打电报给陕甘总都，叫他把所有石室里的东西，统统封好了，送到京师图书馆里去。那些官员，到这个时候，才知道他是宝贝；因为外人都买了装回本国去，朝廷又要他封送晋京，于是拣完整的字迹端秀的几卷，大家偷了去送人，所以偷掉的也不少，现在存在北京的，还有八千余卷。从东晋到宋朝初年，六百年间，许多史料，都保存在里头，真是无价之宝，现在六千余卷在英国伦敦，二千余卷在法国巴黎，八千余卷在北平，一共在一万八千卷左右，我都去看过，在英国、法国的数千卷，那真可爱。他们都用极薄极薄的纸，把他裱起来，装订成册；便是残破了的一角，或是扯下的一个字，也统统裱好了，藏在一处。他的内容说来很可笑，我刚才说过，小和尚的写字本子，老和尚念的经卷，和女师太刺血写的东西，样样都有。有些和尚们，在念经的时候忽然春心发动，便胡乱写一首十八摸，哼几句情诗，也都丢在里面。各种材料，差不多都有一点。此外如七字的唱本，像《天雨花》，《笔生花》一类的东西，唐朝已经有了。我们只知后代才有，那里知道敦煌石室里面，已有这个东西，可以说是唱本的老祖宗。这在文学史上，是多么重要的好材料。这不但使我们知道六百年前的宗教史事；就是我们要研究佛家哲学经济思想之等等许多史料，都可到里面去找，在那时很不经意的，乱七八糟杂货店式的把东西丢在一处，不料到九百年后，成了你争我夺的宝贝，这是此种收书的很好的证据。

因此诸位如果有心去收，破铜烂铁，都有用处，我们知道我们凭个人的主观去选择各书是最容易错误的。这个要那个不要，借自己的爱憎来定去取，是最不对的，我们恨滩簧小调，然而滩簧小调在整个的文学上，也占极重要的地位。孔子是道学家，可是他删诗而不删掉极淫乱的作品，正可充分表现他有远大的目光，《诗经》中有两章如下：

子惠思我，褰裳涉溱：子不我思，岂会他人？狂童之狂也且！
子惠思我，褰裳涉洧：子不我思，岂无他士？狂童之狂也且！

　　淫乱到了极点，像这首诗，他怀想所欢，竟愿渡河以从，并且是人尽可夫。可是孔子并不删去，否则我们现在要得二三千年以上的材料时，试问到那里去找。孔子收书，因为有这种态度，这种眼光，所以为中国，为全世界，保存了最古，最美，最有价值的文学史料，社会史料，宗教史料，政治史料。假如一有成见，还会有这样的成功么？现在流行市面的小报很多，什么叽哩咕罗，噜哩噜苏，《福尔摩斯》，《晶报》，《大晶报》等，五花八门，为一般人所鄙弃的，可是他们也有他们的用处。我们如果有心收集起来，都是将来极好的文学史料，社会史料。要是在十年二十年后，再要去找一个叽哩咕罗，或是噜哩噜苏也许没法得到。我能把他保存起来，十年二十年后，人家要一个叽哩咕罗，要一个噜哩噜苏，我就可以供给他们，借此能知道民国十七年，上海社会上一般的情形是怎么样。当《申报》五十年纪念的时候，他们出一部纪念册，可是《申报》馆竟没有一份全份的《申报》。于是登报征求。结果全中国只有一个人有这么一份，《申报》馆愿意出很多的钱去收买，结果是二万块钱买了来。照我这样，觉得二十万块钱都值得，以中国之大，或者说是以世界之大，而只有一份不缺之《申报》，你想是多么可贵呢，所以现在看为极平常而可以随手弃掉的东西，你如果有一个思想，觉得他是二十年后二千年后的重要史料，设法保存起来，这些东西，就弥觉可珍了。

　　我们收集图书，必须有这种历史的眼光，个人的眼光有限，所有的意见，也许是错误的，人家看为有价值的，我以为无价值；人家看为无价值的，我以为有价值，这种事情很多。我们收书，不能不顾到。所以（一）要认定我们个人的眼光和意见是有限的，有错误的。（二）要知道今天看为平常容易得的东西，明天就没有，后天也许成了古董，假如我们能存这个观念，拿历史的眼光来收书，就是要每天看后的报纸，也都觉得可贵的。

讲到这里，诸位对我所说的，也许有一点怀疑，以为照这样说来，不是博而寡要了么？可是我觉得图书馆是应当要博的，而且从博这个字上，也会自然而然的走到精密的路上去。收文学书的，他从文学上的重要材料起，一直到滩簧小热昏为止，件件都收。或者竟专力于文学中的一部；从专中求博，也未尝不可。有一位陶兰泉先生，绰号叫陶开化，他收书什么都收。但只限于殿版开化纸的书，因此得了这个陶开化的名称，正是博中寓专。因此第一步是博，第二步是由博而专，这也是自然而然的趋向，大概到专，亦有三个缘故，（一）是天才的发展，（二）是个人嗜好，（三）是环境上的便利。有这三个缘故，自然会走上专门的路，诸位都知道欧洲的北边，有一个小岛，叫冰岛（Iceland），那里许多的文学材料，再不能到冰岛去找，全世界只有我的母校康奈尔大学有这完全的冰岛文学史料，康奈尔图书馆所著名的，也就是这一点。因为当初冰岛上有人专门收集这全部的材料，后来捐给康奈尔，并又出资再由康奈尔到冰岛去搜集，因此我的母校，就以冰岛文学著名于全世界。这种无所不收的材料，实在有非常的价值，非常的用处。

今天我讲书的收集法，是极端主张要博，再从博而专门，古董家和道学家的方法，是绝对要不得的，这不过一个大概，神而明之，存乎其人，详细的办法，还须诸位自己去研究。

本文为一九二八年七月三十一日胡适在上海东方图书馆主办的图书馆暑期补习班上的演讲

原载一九三四年四月三十日《中华图书馆协会会报》第九卷第五期

# 找书的快乐

主席、诸位先生：

我不是藏书家，只不过是一个爱读书、能够用书的书生，自己买书的时候，总是先买工具书，然后才买本行书，换一行时，就得另外买一种书。今年我六十九岁了，还不知道自己的本行到底是那一门？是中国哲学呢？还是中国思想史？抑或是中国文学史？或者是中国小说史？《水经注》？中国佛教思想史？中国禅宗史？我所说的"本行"，其实就是我的兴趣，兴趣愈多就愈不能不收书了。十一年前我离开北平时，已经有一百箱的书，大约有一二万册。离开北平以前的几小时，我曾经暗想着：我不是藏书家，但却是用书家。收集了这么多的书，舍弃了太可惜，带吧，因为坐飞机又带不了。结果只带了一些笔记，并且在那一二万册书中，挑选了一部书，作为对一二万册书的纪念，这一部书就是残本的《红楼梦》。四本只有十六回，这四本《红楼梦》可以说是世界上最老的抄本。收集了几十年的书，到末了只带了四本，等于当兵缴了械，我也变成一个没有棍子、没有猴子的变把戏的叫花子。

这十一年来，又蒙朋友送了我很多书，加上历年来自己新买的书，又把我现在住的地方堆满了，但是这都是些不相干的书，自己本行的书一本也没有。找资料还需要依靠中研院史语所的图书馆和别的图书馆，如台湾大学图书馆、中央图书馆等救急。

## 找书有甘苦，真伪费推敲

我这个用书的旧书生，一生找书的快乐固然有，但是找不到书的苦处也尝到过。民国九年（1920年）七月，我开始写《水浒传考证》的时候，参考的材料只有金圣叹的七十一回本《水浒传》《征四寇》及《水浒后传》等，至于《水浒传》的一百回本、一百一十回本、一百一十五回本、一百廿回本、一百廿四回本，还都没有看到。等我的《水浒传考证》问世的时候，日本才发现《水浒》的一百一十五回本及一百回本、一百一十回本及一百廿回本。同时我自己也找到了一百一十五回本及一百廿四回本。做考据工作，没有书是很可怜的。考证《红楼梦》的时候，大家知道的材料很多，普通所看到的《红楼梦》都是一百廿回本。这种一百廿回本并非真的《红楼梦》。曹雪芹四十多岁死去时，只写到八十回，后来由程伟元、高鹗合作，一个出钱，一个出力，完成了后四十回。乾隆五十六年的活字版排出了一百廿回的初版本，书前有程、高二人的《序文》，说：

世人都想看到《红楼梦》的全本，前八十回中黛玉未死，宝玉未娶，大家极想知道这本书的结局如何？但却无人找到全的《红楼梦》。近因程、高二人在一卖糖摊子上发现有一大卷旧书，细看之下，竟是世人遍寻无着的《红楼梦》后四十回，因此特加校订，与前八十回一并刊出。

可是天下这样巧的事很少，所以我猜想《序文》中的说法不可靠。

第一回

甄士隐梦幻识通灵。贾雨村风尘怀闺秀。

此开卷第一回也。作者自云因曾历过一番梦幻之后故将真事隐去而借通灵之说撰此石头记一书也故曰甄士隐云云但书中所记何事何人自又云今风尘碌碌一事无成忽念及当日所有之女子一细考较去觉其行止见识皆出於我之上何我堂堂须眉诚不若彼裙钗实愧则有馀悔又无益之大无可如何之日也当此则自欲将已往所赖天

石頭記

卷一一回

戚蓼生序本石頭記 二

# 考证《红楼梦》，清查曹雪芹

三十年前我考证《红楼梦》时，曾经提出两个问题，这是研究红学的人值得研究的：一、《红楼梦》的作者是谁？作者是怎样一个人？他的家世如何？家世传记有没有可考的资料？曹雪芹所写的那些繁华世界是有根据的吗？还是关着门自己胡诌乱说？二、《红楼梦》的版本问题，是八十回？还是一百廿回？后四十回是那里来的？那时候有七八种《红楼梦》的考证，俞平伯、顾颉刚都帮我找过材料。最初发现乾隆五十七年（1792年）有程伟元序的乙本，其中并有高鹗的序文及引言七条，以后发现早一年出版的甲本，证明后四十回是高鹗所续，而由程伟元出钱活字刊印。又从其他许多材料里知道曹雪芹家为江南的织造世职，专为皇室纺织绸缎，供给宫内帝后、妃嫔及太子、王孙等穿戴，或者供皇帝赏赐臣下。后来在清理故宫时，从康熙皇帝一秘密抽屉内发现若干文件，知道曹雪芹的祖父曹寅，等于皇帝派出的特务，负责察看民心年成，或是退休丞相的动态，由此可知曹家为阔绰大户。《红楼梦》中有一段说到王熙凤和李嬷嬷谈皇帝南巡，下榻贾家，可知是真的事实。以后我又经河南的一位张先生指点，找到杨钟羲的《雪桥诗话》及《八旗经文》，以及有关爱新觉罗宗室敦诚、敦敏的记载，知道曹雪芹名霑、号雪芹，是曹寅的孙子，接着又找到了《八旗人诗抄》《熙朝雅颂集》，找到敦诚、敦敏兄弟赐送曹雪芹的诗，又找到敦诚的《四松堂集》，是一本清抄未删底本，其中有挽曹雪芹的诗，内有"四十年华付杳溟"句，下款年月日为甲申（即乾隆甲申廿九年，西历1764年）。从这里可以知道曹雪芹去世的年代，他的年龄为四十岁左右。

# 险失好材料，再评《石头记》

民国十六年我从欧美返国，住在上海，有人写信告诉我，要卖一本《脂砚斋评石头记》给我，那时我以为自己的资料已经很多，未加理会。不久以后和徐志摩在上海办新月书店，那人又将书送来给我看，原来是甲戌年手抄再评本，虽然只有十六回，但却包括了很多重要史料。里面有："壬午除夕，书未成，芹为泪尽而逝。甲午八月泪笔"的句子，指出曹雪芹逝于乾隆廿七年冬，即西历一七六三年二月十二日。"字字看来皆是血，十年辛苦不寻常"诗句，充分描绘出曹雪芹写《红楼梦》时的情态。脂砚斋则可能是曹雪芹的太太或朋友。自从民国十七年二月我发表了《考证红楼梦的新材料》之后，大家才注意到《脂砚斋评本石头记》。不过，我后来又在民国廿二年从徐星署先生处借来一部庚辰秋定本脂砚斋四阅评过的《石头记》，是乾隆廿五年本，八十回，其中缺六十四、六十七两回。

# 谈《儒林外史》，推赞吴敬梓

现在再谈谈我对《儒林外史》的考证。《儒林外史》是部骂当时教育制度的书，批评政治制度中的科举制度。我起初发现的只有吴敬梓的《文木山房集》中的赋一卷（4篇），诗二卷（131首），词一卷（47首），拿这当做材料。但是在一百年前，我国的大诗人金和，他在跋《儒林外史》时，说他收有《文木山房集》，有文五卷。可是一般人都说《文木山房集》没有刻本，我不相信，便托人在北京的书店找，找了几年都没有结果，到了民国七年才在带经堂书店找到。我用这本集子参考安徽《全椒县志》，写成一本一万八千字的《吴敬梓年谱》，中国小说传记资料，没有一个能比这更多的，民国十四年我把这本书排印问世。

如果拿曹雪芹和吴敬梓二人作一个比较，我觉得曹雪芹的思想很平凡，而吴敬梓的思想则是超过当时的时代，有着强烈的反抗意识。吴敬梓在《儒林外史》里，严刻地批评教育制度，而且有他的较科学化的观念。

## 有计划找书，考证神会僧

前面谈到的都是没有计划地找书，有计划地找书更是其乐无穷。所谓有计划地找书，便是用"大胆的假设，小心的求证"方法去找书。现在再拿我找神会和尚的事做例子，这是我有计划地找书。神会和尚是唐代禅宗七祖大师，我从《宋高僧传》的慧能和神会传里发现神会和尚的重要，当时便作了个大胆的假设，猜想有关神会和尚的资料只有日本和敦煌两地可以发现。因为唐朝时，日本派人来中国留学的很多，一定带回去不少史料。经过"小心的求证"，后来果然在日本找到宗密的《圆觉大疏抄》和《禅源诸诠集》，另外又在巴黎的国家图书馆及伦敦的大英博物馆发现数卷神会和尚的资料。知道神会和尚是湖北襄阳人，到洛阳、长安传播大乘佛法，并指陈当时的两京法祖三帝国师非禅宗嫡传，远在广东的六祖慧能才是真正禅宗一脉相传下来的。但是神会的这些指陈不为当时政府所取信，反而贬走神会。刚好那时发生安史之乱，唐玄宗远避四川，肃宗召郭子仪平乱，这时国家财政贫乏，军队饷银只好用度牒代替，如此必须要有一位高僧宣扬佛法令人乐于接受度牒。神会和尚就担任了这项推行度牒的任务。郭子仪收复两京（洛阳、长安），军饷的来源，不得不归功神会。安史之乱平了后，肃宗迎请神会入宫奉养，并且尊神会为禅宗七祖，所以神会是南宗的急先锋，北宗的毁灭者，新禅学的建立者，《坛经》的创作者，在中国佛教史上没有第二个人有这样伟大的功勋。我所研究编校的《神会和尚遗集》可望在明年由中央研究院历史语言研究所出版。

最后，根据我个人几十年来找书的经验，发现我们过去的藏书的范围是偏狭的，过去收书的目标集中于收藏古董，小说之类决不在藏书之列。但我们必须了解了解，真正收书的态度，是要无所不收的。

**本文为一九五九年十二月二十七日胡适在台湾"中国图书馆学会"年会上的讲演**

原载一九六二年十二月十六日台北《中国图书馆学会会报》第十四期

# 研究国故的方法

　　研究国故，在现时确有这种需要。但是一般青年，对于中国本来的文化和学术，都缺乏研究的兴趣。讲到研究国故的人，真是很少，这原也怪不得他们，实有以下二种原因：（一）古今比较起来，旧有的东西就很易现出破绽。在中国科学一方面，当然是不足道的。就是道德和宗教，也都觉浅薄得很，这样当然不能引起青年们的研究兴趣。（二）中国的国故书籍，实在太没有系统了。历史书一本有系统的也找不到，哲学也是如此，就是文学一方面，《诗经》总算是世界文学上的宝贝，但假使我们去研究《诗经》，竟没有一本书能供给我们做研究的资料的。原来中国的书籍，都是为学者而设，非为普通人一般人的研究而作的。所以青年们要研究，也就无从研究起。我很望诸君对于国故，有些研究的兴趣，来下一番真实的工夫，使它成为有系统的。对于国故，亟应起来整理，方能使人有研究的兴趣，并能使有研究兴趣的人容易去研究。

　　"国故"的名词，比"国粹"好得多。自从章太炎著了一本《国故论衡》之后，这"国故"的名词于是成立。如果讲是"国粹"，就有人讲是"国渣"，"国故"（National Past）这个名词是中立的。我们要明了现社会的情况，就得去研究国故。古人讲，知道过去才能知道现在。国故专讲国家过去的文化，要研究它，就不得不注意以下四种方法：

# 一、历史的观念

现在一般青年，所以对于国故没有研究兴趣的缘故，就是没有历史的观念。我们看旧书，可当它作历史看，清乾隆时，有个叫章学诚的，著了一本《文史通义》，上边说"六经皆史也"。我现在进一步来说："一切旧书——古书——那是史也"。本了历史的观念，就不由然而然地生出兴趣了。如道家炼丹修命，确是很荒谬的，不值识者一笑。但本了历史的观念，看看它究竟荒谬到了什么田地，亦是很有趣的。把旧书当作历史看，知它好到什么地步，或是坏到什么地步，这是研究国故方法的起点，是叫"开宗明义"第一章。

# 二、疑古的态度

疑古的态度，简要言之，就是"宁可疑而错，不可信而错"十个字。譬如《书经》，有《今文尚书》和《古文尚书》之别。有人说，《古文尚书》是假的，《今文尚书》有一部分是真的，余外一部分，到了清时，才有人把它证明是假的。但是现在学校里边，并没把假的删去，仍旧读它全书，这是我们应该怀疑的。至于《诗经》，本有三千篇，被孔子删剩十分之一，只得了三百篇。《关雎》这一首诗，孔子把它列在第一首，这首诗是很好的。内容是一很好的女子，有一男子要伊做妻子，但这事不易办到，于是男子"寤寐求之"，连睡在床上都要想伊，更要"悠哉悠哉，辗转反侧"呢！这能表现一种很好的爱情，是一首爱情的相思诗。后人误会，生了许多误解，竟牵到旁的问题上去。所以疑古的态度有两方面好讲：（一）疑古书的真伪。（二）疑真书被那山东老学究弄伪的地方。我们疑古的目的，是在得其"真"，就是疑错了，亦没有什么要紧。我们知道，哪一个科学家是没有错误的？假使信而错，那就上当不浅了！自己固然一味迷信，情愿做古人的奴隶，但是还要引旁人亦入于迷途呢！我们一方面研究，一方向就要怀疑，庶能不上老当呢？如中国的历史，从盘古氏一直相传下来，年代都是有"表"的，"像煞有介事"，看来很是可信。但是我们要怀疑，这怎样来的呢？根据什么呢？我们总要"打破砂锅问到底"，究其来源怎样，要知道这年月的计算，有的是从伪书来的，大部分还是宋朝一个算命先生，用算盘打出来的呢。这哪能信呢。我们是不得不去打破它的。

在东周以前的历史，是没有一字可以信的。以后呢，大部分也是不可靠的。如《禹贡》这一章书，一般学者都承认是可靠的。据我用历史的眼光看来，也是不可靠的，我敢断定它是伪的。在夏禹时，中国难道竟有这般大的土地么？四部书里边的经、史、子三种，大多是不可靠的。我们总要有疑古的态度才好！

## 三、系统的研究

古时的书籍，没有一部书是"著"的。中国的书籍虽多，但有系统的著作，竟找不到十部。我们研究无论什么书籍，都宜要寻出它的脉络，研究它的系统、所以我们无论研究什么东西，就须从历史方面着手。要研究文学和哲学，就得先研究文学史和哲学史。政治亦然。研究社会制度，亦宜先研究其制度沿革史，寻出因果的关系，前后的关键，要从没有系统的文学、哲学、政治等等里边，去寻出系统来。

有人说，中国几千年来没有进步，这话荒谬得很，足妨害我们研究的兴趣。更有一外国人，著了一部世界史，说中国自从唐代以后，就没有进步了，这也不对。我们定要去打破这种思想的。总之，我们是要从从前没有系统的文学、哲学、政治里边，以客观的态度，去寻出系统来的。

## 四、整理

整理国故，能使后人研究起来，不感受痛苦。整理国故的目的，就是要使从前少数人懂得的，现在变为人人能解的。整理的条件，可分形式内容二方面讲：

（一）形式方面加上标点和符号，替它分开段落来

（二）内容方面加上新的注解，折中旧有的注解。并且加上新的序跋和考证，还要讲明书的历史和价值。

我们研究国故，非但为学识起见，并为诸君起见，更为诸君的兄弟姊妹起见。国故的研究，于教育上实有很大的需要。我们虽不能做创造者，我们亦当做运输人——这是我们的责任，这种人是不可少的。

**本文为一九二一年七月胡适在东南大学的演讲，枕薪记录**

原载一九二一年八月二十五日《东方杂志》第十八卷第十六期

# 治学的方法与材料

现在有许多人说：治学问全靠有方法；方法最重要，材料却不很重要。有了精密的方法，什么材料都可以有好成绩。粪同溺可以作科学的分析，西游记同封神演义可以作科学的研究。

这话固然不错。同样的材料，无方法便没有成绩，有方法便有成绩，好方法便有好成绩。例如我家里的电话坏了，我箱子里尽管有大学文凭，架子上尽管有经史百家，也只好束手无法，只好到隔壁人家去借电话，请电话公司派匠人来修理。匠人来了，他并没有高深学问，从没有梦见大学讲堂是什么样子。但他学了修理电话的方法，一动手便知道毛病何处，再动手便修理好了。我们有博士头衔的人只好站在旁边赞叹感谢。

但我们却不可不知道上面的说法只是片面的真理。同样的材料，方法不同，成绩也就不同。但同样的方法，用在不同的材料上，成绩也就有绝大的不同。这个道理本很平常，但现在想做学问的青年人似乎不大了解这个极平常而又十分要紧的道理，所以我觉得这个问题有郑重讨论的必要。

科学的方法，说来其实很简单，只不过"尊重事实，尊重证据"。在应用上,科学的方法只不过"大胆的假设,小心的求证。"

在历史上,西洋这三百年的自然科学都是这种方法的成绩;中国这三百年的朴学也都是这种方法的结束。顾炎武阎若璩的方法同葛利略(Galileo)牛敦(Newton)的方法,是一样的:他们都能把他们的学说建筑在证据之上。戴震钱大昕的方法,同达尔文(Darwin)柏司德(Pasteur)的方法,也是一样的:他们都能大胆地假设,小心地求证。(参看《胡适文存》初排本卷二,《清代学者的治学方法》,页二〇五——二四六。)

中国这三百年的朴学成立于顾炎武同阎若璩;顾炎武的导师是陈第,阎若璩的先锋是梅鷟。陈第作《毛诗古音考》(一六〇一——一六〇六),注重证据;每个古音有"本证",有"旁证";本证是《毛诗》中的证据,旁证是引别种古书来说《毛诗》。如他考"服"字古音"逼",共举了本证十四条,旁证十条。顾炎武的诗本音同唐韵正都用同样的方法。诗本音于"服"字下举了三十二条证据,唐韵正于"服"字下举了一百六十二条证据。

梅鷟是明正德癸酉(一五一三)举人,着有《古文尚书考异》,处处用证据来证明伪《古文尚书》的娘家。这个方法到了阎若璩的手里,运用更精熟了,搜罗也更丰富了,遂成为《尚书古文疏正》,遂定了伪古文的铁案。有人问阎氏的考证学方法的指要,他回答道:不越乎"以虚证实,以实证虚"而已。

他举孔子适周之年作例。旧说孔子适周共有四种不同的说法:

(1)昭公七年(《水经注》)

(2)昭公二十年(《史记·孔子世家》)

(3)昭公二十四年(《〈史记〉·索隐》)

◎ 胡适

（4）定公九年（《庄子》）

　　阎氏根据曾子问里说孔子从老聃助葬恰遇日食一条，用算法推得昭公二十四年夏五月乙未朔日食，故断定孔子适周在此年。（《尚书古文疏证》卷八，第一百二十条。）

　　这都是很精密的科学方法。所以"亭林百诗之风"造成了三百年的朴学。这三百年的成绩有声韵学，训诂学，校勘学，考证学，金石学，史学，其中最精彩的部份都可以称为"科学的"；其间几个最有成绩的人，如钱大昕戴震崔述王念孙王引之严可均，都可以称为科学的学者。我们回顾这三百年的中国学术，自然不能不对这班大师表示极大的敬意。

　　然而从梅鷟的《古文尚书考异》到顾颉刚的《古史辨》，从陈第的《毛诗古音考》到章炳麟的《文始》，方法虽是科学的，材料却始终是文字的。科学的方法居然能使故纸堆里大放光明，然而故纸的材料终久限死了科学的方法，故这三百年的学术也不过文字的学术，三百年的光明也只不过故纸堆的火焰而已！

　　我们试回头看看西洋学术的历史。

　　当梅鷟的《古文尚书考异》成书之日，正哥白尼（Copernicus）的天文革命大著出世（一五四三）之时。当陈第的《毛诗古音考》成书的第三年（一六〇八），荷兰国里有三个磨镜工匠同时发明了望远镜。再过一年（一六〇九），意大利的葛利略（Galileo）也造出了一座望远镜，他逐渐改良，一年之中，他的镜子便成了欧洲最精的望远镜。他用这镜子发现了木星的卫星，太阳的黑子，金星的光态，月球上的山谷。

　　葛利略的时代，简单的显微镜早已出世了。但望远镜发明之后，复合的显微镜也跟着出来。葛利略死（一六四二）后二三十年，荷兰有一位磨镜的，名叫李文厚（Leeuwenhoek），天天用他自己做的显微镜看细微的

东西。什么东西他都拿来看看,于是他在蒸馏水里发见了微生物,鼻涕里
和痰唾里也发见了微生物,阴沟臭水里也发见了微生物,微菌学从此开始
了。这个时候(一六七五)正是顾炎武的《音学五书》成书的时候,阎若璩
的《古文尚书疏证》还在著作之中。

从望远镜发见新天象(一六〇九)到显微镜发现微菌(一六七五),
这五六十年之间,欧洲的科学文明的创造者都出来了。试看下表:

| 中国 | 欧洲 |
|---|---|
| 一六〇六　陈第《古音考》。 | |
| 一六〇八 | 荷兰人发明望远镜。 |
| 一六〇九 | 葛利略的望远镜。 |
| | 解白勒(Kepler)发表他的火星 |

研究,宣布行星运行的两条定律。

| 中国 | 欧洲 |
|---|---|
| 一六一〇　黄宗羲生。 | |
| 一六一三　顾炎武生。 | |
| 一六一四 | 奈皮尔(Napier)的对数表。 |
| 一六一九　王夫之生。 | 解白勒的行星第三定律。 |
| 一六一八——二一 | 解白勒的《哥白尼天文学要指》。 |
| 一六二三　毛奇龄生。 | |
| 一六二五　费密生。 | |
| 一六二六 | 倍根死。 |
| 一六二八　用西法修新历。 | 哈维(Harvey)的《血液运行论》。 |
| 一六三〇 | 葛利略的《天文谈话》。 |
| | 解白勒死。 |

一六三三　　　　　　　　　葛利略因天文学受异端审判。

一六三五　颜元生。

一六三六　阎若璩生。

一六三七　宋应星的《天工开物》。笛卡儿（Descartes）的方法论，
　　　　　　　　　　　　发明解析几何。

一六三八　　　　　　　　　葛利略的《科学的两新支》。

一六四〇　徐霞客（宏祖）死。

一六四二　　　　　　　　　葛利略死，牛敦生。

一六四四　　　　　　　　　葛利略的弟子佗里杰利（Torricelli）

　　　　　　　　　　　　用水银试验空气压力，发明气压

　　　　　　　　　　　　计的原理。

一六五五　阎若璩开始作《尚书古文

　　　　疏证》，积三十余年始成书。

一六五七　顾炎武注《韵补》。

一六六〇　　　　　　　　　英国皇家学会成立。

　　　　　　　　　　　　化学家波耳（Boyle）发表他的

气体新试验。（波耳氏律）

一六六一　　　　　　　　　波耳的《怀疑的化学师》。

一六六四　废八股。

一六六五　　　　　　　　　牛敦发明微分学。

一六六六　顾炎武的《韵补正成》。

　　　　　　　　　　　　牛敦发明白光的成份。

一六六七　顾炎武的《音学五书》成。

一六六九　复八股。

一六七〇　顾炎武初刻《日知录》八卷。

| 一六七五 | | 李文厚用显微镜发现微生物。 |
| 一六七六 | 顾炎武《日知录》自序。 | |
| 一六八〇 | 顾炎武《音学五书》后序。 | |
| 一六八七 | | 牛敦的杰作《自然哲学原理》。 |

我们看了这一段比较年表，便可以知道中国近世学术和西洋近世学术的划分都在这几十年中定局了。在中国方面，除了宋应星的《天工开物》一部奇书之外，都只是一些纸上的学问；从八股到古音的考证固然是一大进步，然而终久还是纸上的工夫。西洋学术在这几十年中便已走上了自然科学的大路了。顾炎武、阎若璩规定了中国三百年的学术的局面；葛利略、解白勒、波耳、牛敦规定了西洋三百年的学术的局面。

他们的方法是相同的，不过他们的材料完全不同。顾氏、阎氏的材料完全是文字的，葛利略一班人的材料完全是实物的。文字的材料有限，钻来钻去，总不出这故纸堆的范围；故三百年的中国学术的最大成绩不过是两大部《皇清经解》而已。实物的材料无穷，故用望远镜观天象，而至今还有无穷的天体不曾窥见；用显微镜看微菌，而至今还有无数的微菌不曾寻出。但大行星已添了两座，恒星之数已添到十万万以外了！前几天报上说，有人正积极实验同火星通信了。我们已知道许多病菌，并且已知道预防的方法了。宇宙之大，三百年中已增加了几十万万倍了；平均的人寿也延长了二十年了。

然而我们的学术界还在烂纸堆里翻我们的筋斗！

不但材料规定了学术的范围，材料并且可以大大地影响方法的本身。文字的材料是死的，故考证学只能跟着材料走，虽然不能不搜求材料却不能捏造材料。从文字的校勘以至历史的考据，都只能尊重证据，却不能创造证据。

自然科学的材料便不限于搜求现成的材料，还可以创造新的证据。实验的方法便是创造证据的方法。平常的水不会分解成轻气和养气，以证实水是轻气和养气合成的。这便是创造不常有的情境，这便是创造新证据。

纸上的材料只能产生考据的方法；考据的方法只是被动的运动材料。自然科学的材料却可以产生实验的方法；实验便不受成材料的拘束，可以随意创造平常不可得见的情境，逼拶出新结果来。考据家若没有证据，便无从做考证；史家若没有史料，便没有历史。自然科学家便不然。肉眼看不见的，他可以用望远镜，可以用显微镜。生长在野外的，他可以叫他生长在花房里；生长在夏天的，他可以叫他生在冬天。原来在人身上的，他可以移种在兔身上，狗身上。毕生难遇的，他可以叫他天天出现在眼前；太大了的，他可以缩小；整个的，他可以细细分析；复杂的，他可以化为简单；太少了的，他可以用人功培植增加。故材料的不同可以使方法本身发生很重要的变化。实验的方法也只是大胆的假设，小心的求证；然而因为材料的性质，实验的科学家便不用坐待证据的出现，也不仅仅寻求证据，他可以根据假设的理论，造出种种条件，把证据逼出来。故实验的方法只是可以自由产生材料的考证方法。

葛利略二十多岁时，在本地的高塔上抛下几种重量不同的对象，看他们同时落地，证明了物体下坠的速率并不依重量为比例，打倒了几千年的谬说。这便是用实验的方法去求证据。他又做了一块板，长十二个爱儿（每个爱儿长约四英尺），板上挖一条阔一寸的槽。他把板的一头垫高，用一个铜球在槽里滚下去，他先记球滚到底的时间，次记球滚到全板四分之一的时间。他证明第一个四分之一的速度最慢，需要全板时间的一半。越滚下去，速度越大。距离的相比等于时间的平方的相比。葛利略这个试验总做了几百次，他试过种种不同的距离，种种不同的斜度，然后断定物体下坠的定律。这便是创造材料，创造证据。平常我们所见物体下坠，一瞬间便过了，既没有测量的机会，更没有比较种种距离和种种斜度的机会。葛氏的试验便是用人力造出种种可以测量，可以比较的机会。这便是新力学的基础。

哈维研究血的循环，也是用实验的方法。哈维曾说：我学解剖学同教授解剖学，都不是从书本子来的，是从实际解剖来的；不是从哲学家的学说上来的，是从自然界的条理上来的。（他的《血液运行》自序）

哈维用下等活动物来做实验，观察心房的跳动和血的流行。古人只解剖死动物的动脉，不知死动物的动脉管是空的。哈维试验活动物，故能发现古人所不见的真理。他死后四年（一六六一），马必吉（Malpighi）用显微镜看见血液运行的真状，哈维的学说遂更无可疑了。

此外如佗里杰利的试验空气的压力，如牛敦的试验白光的七色，都是实验的方法。牛敦在暗室中放进一点白光，使他通过三棱镜，把光放射在墙上。那一圆点的白光忽然变成了五倍大的带子，白光变成了七色：红，橘红，黄，绿，蓝，靛青，紫。他再用一块三棱镜把第一块三棱镜的光收回去，便仍成圆点的白光。他试验了许多回，又想出一个法子，把七色的光射在一块板上，板上有小孔，只许一种颜色的光通过。板后面再用三棱镜把每一色的光线通过，然后测量每一色光的曲折度。他这样试验的结果始知白光是曲折力不同的七种光复合成的。他的实验遂发明了光的性质，建立了分光学的基础。

以上随手举的几条例子，都是顾炎武阎若璩同时人的事，已可以表见材料同方法的关系了。考证的方法好有一比，比现今的法官判案，他坐在堂上静听两造的律师把证据都呈上来了，他提起笔来，宣判道：某一造的证据不充足，败诉了；某一造的证据充足，胜诉了。他的职务只在评判现成的证据，他不能跳出现成的证据之外。实验的方法也有一比，比那侦

霧鬢烟鬟蓋代姿，
尒能妖冶尒能奇，
忽然全被雲遮了，
待得雲開是幾時！

從神户上東京車中
望富士山所見 呈
靜仁先生 胡適

探小说里的福尔摩斯访案：他必须改装微行，出外探险，造出种种机会来，使罪人不能不呈献真凭实据。他可以不动笔，但他不能不动手动脚，去创造那逼出证据的境地与机会。

结果呢？我们的考证学的方法尽管精密，只因为始终不接近实物的材料，只因为始终不曾走上实验的大路上去，所以我们的三百年最高的成绩终不过几部古书的整理，于人生有何益处？于国家的治乱安危有何裨补？虽然做学问的人不应该用太狭义的实利主义来评判学术的价值，然而学问若完全抛弃了功用的标准，便会走上很荒谬的路上去，变成枉费精力的废物。这三百年的考证学固然有一部份可算是有价值的史料整理，但其中绝大的部份却完全是枉费心思。如讲《周易》而推翻王弼，回到汉人的"方士《易》"；讲《诗经》而推翻郑樵、朱熹，回到汉人的荒谬诗说；讲《春秋》而回到两汉陋儒的微言大义，——这都是开倒车的学术。

为什么三百年的第一流聪明才智专心致力的结果仍不过是枉费心思的开倒车呢？只因为纸上的材料不但有限，并且在那一个"古"字底下罩着许多浅陋幼稚愚妄的胡说。钻故纸的朋友自己没有学问眼力，却只想寻那"去古未远"的东西，日日"与古为邻"，却不知不觉地成了与鬼为邻，而不自知其浅陋愚妄幼稚了！

那班崇拜两汉陋儒方士的汉学家固不足道。那班最有科学精神的大师——顾炎武、戴震、钱大昕、段玉裁、孔广森、王念孙、王引之等——他们的科学成绩也就有限的很。他们最精的是校勘训诂两种学问，至于他们最用心的声韵之学，简直没有多大成绩可说。如他们费了无数心力去证明古时有"支""脂""之"三部的区别，但他们到如今不能告诉我们这三部究竟有怎样的分别。如顾炎武找了一百六十二条证据来证明"服"字古音"逼"，到底还不值得一个广东乡下人的一笑，因为顾炎武始终不知道"逼"字怎样读法。又如三百年的古音学不能决定古代究竟有无入声；

段玉裁说古有入声而去声为后起，孔广森说入声是江左后期之音。二百年来，这个问题似乎没有定论。却不知道这个问题不解决，则一切古韵的分部都是将错就错。况且依二百年来"对转""通转"之说，几乎古韵无一部不可通他部。如果部部本都可通，那还有什么韵部可说！

三百年的纸上功夫，成绩不过如此，岂不可叹！纸上的材料本只适宜于校勘训诂一类的纸上工作；稍稍逾越这个范围，便要闹笑话了。

西洋的学者先从自然界的实物下手，造成了科学文明，工业世界，然后用他们的余力，回来整理文字的材料。科学方法是用惯的了。实验的习惯也养成了。所以他们的余力便可以有惊人的成绩。在音韵学的方面，一面格林姆（Grimm）便抵得许多钱大昕、孔广森的成绩。他们研究音韵的转变，文字的材料之外，还要实地考察各国各地的方言，和人身发音的器官。由实地的考察，归纳成种种通则，故能成为有系统的科学。今年一位瑞典学者珂罗倔伦（Bernhard Karlgren）费了几年的工夫研究切韵，把二百六部的古音弄的清清楚楚。林语堂先生说：

珂先生是切韵专家，对中国音韵学的贡献发明，比中外过去的任何音韵学家还重要。（《语丝》第四卷第廿七期）

珂先生的成绩何以能这样大呢？他有西洋的音韵学原理作工具，又很充分地运用方言的材料，用广东方言作底子，用日本的汉音吴音作参证，所以他几年的成绩便可以推倒顾炎武以来三百年的中国学者的纸上功夫。

我们不可以从这里得一点教训吗？

纸上的学问也不是单靠纸上的材料去研究的。单有精密的方法是不够用的。材料可以限死方法，材料也可以帮助方法。三百年的古韵学抵不得一个外国学者运用活方言的实验。几千年的古史传说禁不起三两个学者的批评指摘。然而河南发现了一地的龟甲兽骨,便可以把古代殷商民族的历史建立在实物的基础之上。一个瑞典学者安特森(J.G.Anderson)发现了几处新石器,便可以把中国史前文化拉长几千年。一个法国教士桑德华(Pere Licent)发见了一些旧石器,便又可以把中国史前文化拉长几千年。北京地质调查所的学者在北京附近的周口店发现了一个人齿,经了一个解剖学专家步达生(Davidson Black)的考定,认为远古的原人,这又把中国史前文化拉长几万年。向来学者所认定纸上的学问,如今都要跳在故纸堆外去研究了。

所以我们要希望一班有志做学问的青年人及早回头想想。单学得一个方法是不够的;最要紧的关头是你用什么材料。现在一班少年人跟着我们向故纸堆去乱钻,这是最可悲叹的现状。我们希望他们及早回头多学一点自然科学的知识与技术:那条路是活路,这条故纸的路是死路。三百年的第一流的聪明才智消磨在这故纸里,还没有什么好成绩。我们应该换条路走走了。等你们在科学试验室里有了好成绩,然后拿出你们的余力,回来整理我们的国故,那时候,一拳打倒顾亭林,两脚踢翻钱竹汀,有何难哉!

选自《胡适文存三集》卷二
(上海亚东图书馆一九二四年十一月初版)

# 治学方法

## 第一讲: 引言

钱校长、各位先生、各位同学:

今天我感觉到很困难,因为当初我接受钱校长与刘院长的电报到台大和师院作学术讲演,我想总是在小屋子里面,只有二三十人,顶多一百人,可以有问有答;在小规模的讲堂里面,还可以有黑板写写字,这样子才可以作一种学术讲演。今天来到这么一个广场里面作学术讲演,的确是生平第一次,一定有许多话给先生们听了觉得太浅,同学们又觉得没有黑板写下来,不容易知道。我的南腔北调的官话依然咬不清楚,一定使大家很失望,所以先要道歉!

当时我收到钱校长与刘院长的电报,我想了几天,我以为他们两位另外有一封详细的信告诉我:是两个学校分开还是合起来讲?是小讲堂还是大讲堂?当时的确没有想到在广场讲演。等了两个星期,他们没有信来,我自动打电报给他们两位;我提出两个题目:在台大讲"治学办法",

在师院讲"杜威哲学"。

杜威先生是我的老师，活了九十多岁，今年才过去。我们一般学生觉得，在自由中国应该有一个机会纪念他，所以杜威哲学这个题目，是当作一个纪念性。

今天讲治学的方法，其实也是带纪念性的。我感觉到台大的故校长——傅斯年先生，他是一个最能干，最能领导一个学校，最能够办事的人。他办过中央研究院，历史语言研究所。他也在我之前先代理过北大校长一年；不是经过那一年，我简直没有办法。后来做台大校长，替台大定下很好的基础。他这个人，不但是国家的一个人，他是世界上很少见的一个多方面的天才，他的记忆力之强更是少有的。普通记忆力强的人往往不能思想；傅先生记忆力强，而且思考力非常敏锐，这种兼有记忆力和思考力的人，是世界上少见的。同时，能够做学问的人不见得能够办事，像我这样子，有时候可以在学问上做一点工作，但是碰到办事就很不行。钱校长说我当北大校长，还可以作研究工作，不是别的，只因为我不会办事。我做校长，完全是无为而治；一切事都请院长、教务长、训导长去办，我从来不过问学校的事；自己关起门来做学问。傅先生能够做学问而又富有伟大的办事能力；像这种治学方法同办事能力合在一块，更是世界上少见的。因为傅先生同我是多年的同事，多年的朋友；同时在做学问这一条路上，我们又是多年的同志。所以我今天在台大来讲治学方法，也可以说是纪念这个伟大而可惜过去得太早的朋友。

我到台大来讲治学方法，的确是很胆怯；因为我在国内教育界服务几十年，我可以告诉台大的同学们：现在台大文史的部门，就是从前在大陆没有沦陷的时候也没有看见过有这样集中的人才；在历史、语言、考古方面，傅先生把历史语言研究所的人才都带到这里来，同台大原有的人才，和几年来陆续从大陆来的人才连在一块，可以说是中国几十年来办大学空前的文史学风。我很希望，不但在文学院历史学系、语言学系、考古学系的同学们要了解台大文史人才的集中是大陆沦陷以前从来没有过的情形，更希望台大各院各系的同学都能够明了，都能够宝贵这个机会，不要错过这个机会。就是学医、学农、学工、学法律、学社会科学的，都可以利用这个机会来打听这许多文史方面领袖的人才是怎样讲学，怎样研究，怎样在学问方面做工作。我不是借这个机会替台大做义务广告，我实在觉得这样的机会是很可宝贵的，所以希望诸位能够同我一样了解台大现在在文史方面的领导地位。

我看到讲台前有许多位文史方面的老朋友们，我真是胆怯，因为我不是讲天文学、地质学、物理、化学，是在文史方面讲治学方法。在诸位先生面前讲这个题目真是班门弄斧了。

我预备讲三次：第一次讲治学方法的引论，第二次讲方法的自觉，第三次讲方法与材料的关系。

今天我想随便谈谈治学的方法。我个人的看法，无论什么科学——天文、地质、物理、化学等等——分析起来，都只有一个治学方法，就是做研究的方法。什么是做研究呢？就是说，凡是要去研究一个问题，都是因为有困难问题发生，要等我们去解决它；所以做研究的时候，不是悬空的研究。所有的学问，研究的动机和目标是一样的。研究的动机总是因为发生困难，有一个问题，从前没有看到，现在看到了，从前觉得没有解决的必要，现在觉得有解决的必要的。凡是做学问，做研究，真正的动机都是求某种问题某种困难的解决；所以动机是困难，而目的是解决困难。这并不是我一个人的说法，凡是有做学问做研究经验的人，都承认这个说法。真正说起来，做学问就是研究；研究就是求得问题的解决。所有的学问，做研究的动机是一样的，目标是一样的，所以方法也是一样的。不但是现在如此；我们研究西方的科学思想，科学发展的历史，再看看中国二千五百年来凡是合于科学方法的种种思想家的历史，知道古今中外凡是在做学问做研究上有成绩的人，他的方法都是一样的。古今中外治学的方法是一样的。为什么是一样呢？就是因为做学问做研究的动机和目标是一样的。从一个动机到一个目标，从发现困难到解决困难，当中有一个过程，就是所谓方法。从发现困难那一天起，到解决困难为止，当中这一个过程，可能很长，也可能很短。有的时候要几十年，几百年才能解决一个问题；有时候只要一个钟头就可以解决一个问题。这个过程就是方法。

刚才我说方法是一样的，方法是甚么呢？我曾经有很多时候，想用文字把方法做成一个公式、一个口号、一个标语，把方法扼要地说出来；但是从来没有一个满意的表现方式。现在我想起我二三十年来关于方法的文章里面，有两句话也许可以算是讲治学方法的一种很简单扼要的话。

那两句话就是："大胆的假设、小心的求证。"要大胆的提出假设，但这种假设还得想法子证明。所以小心的求证，要想法子证实假设或者否定假设，比大胆的假设还更重要。这十个字是我二三十年来见之于文字，常常在嘴里向青年朋友们说的。有的时候在我自己的班上，我总希望我的学生们能够了解。今天讲治学方法论，可以说就是要说明什么叫做假设；什么叫做大胆的假设；怎么样证明或者否证假设。

刚才我说过，治学的方法，做研究的方法，都是基于一个困难。无论是化学、地质学、生物学、社会科学上的一个问题，都是一个困难。当困难出来的时候，本于个人的知识、学问，就不知不觉地提出假设，假定有某几种可以解决的方案。比方诸位在台湾这几年看见杂志上有讨论《红楼梦》的文章，就是所谓红学，到底《红楼梦》有什么可以研究的呢？《红楼梦》里发生了什么问题呢？普通人看《红楼梦》里面的人物，都是不发生问题的, 但是有某些读者却感觉到《红楼梦》发生了问题:《红楼梦》究竟是什么意思? 当时写贾宝玉、林黛玉这些人的故事有没有背景? 有没有 "微言大义" 在里面? 写了一部七八十万字的书来讲贾家的故事, 讲一个纨绔子弟贾宝玉同许多漂亮的丫头, 漂亮的姊妹亲戚们的事情, 有什么意义没有? 这是一个问题。怎么样解决这个问题呢? 当然你有一个假设, 他也有一个假设。

在二三十年前, 我写《红楼梦考证》的时候, 有许多关于《红楼梦》引起的问题的假设的解决方案。有一种是说《红楼梦》含有种族思想, 书中的人物都是影射当时满洲的官员, 林黛玉是暗指康熙时候历史上一个有名的男人; 薛宝钗、王凤姐和那些丫头们都是暗指历史上的人物。还有一种假设说贾宝玉是指一个满洲宰相明珠的儿子叫做纳兰性德——他是一个了不起的天才很高的文学家——那些丫头、姐妹亲戚们都是代表宰相明珠家里的一班文人清客; 把书中漂亮的小姐们如林黛玉、薛宝钗、王凤姐、史湘云等人都改装过来化女为男。我认为这是很不可能, 也不需要化装变性的说法。

后来我也提出一个假设。我的假设是很平常的。《红楼梦》这本书, 从头一回起, 作者就说这是我的自传, 是我亲自所看见的事体。我的假设就是说,《红楼梦》是作者的自传, 是写他亲自看见的家庭。贾宝玉就是曹雪芹;《红楼梦》就是写曹家的历史。曹雪芹是什么人呢? 他的父亲叫曹頫, 他的祖父叫做曹寅; 一家三代四个人做江宁织造, 做了差不多五十年。所谓宁国府、荣国府, 不是别的, 就是指他们祖父、父亲、两个儿子, 三代四个人把持五十多年的江宁织造的故事。书中说到, "皇帝南巡的时候, 我们家里驾驾四次。" 如果在普通人家, 招待皇帝四次是可能倾家荡产的; 这些事在当时是值得一吹的。所以曹雪芹虽然将真事隐去, 仍然舍不得要吹一吹。曹雪芹后来倾家荡产做了文丐, 成了叫化子的时候, 还是

◎ 胡适在剪报贴报

读书喝酒，跟书中的贾宝玉一样。这是一个假设；我举出来作一个例子。

要解决"《红楼梦》有什么用意"这个问题，当然就有许多假设。提出问题求解决，是很好的事情；但要先看这些假设是否能够得到证明。凡是解决一个困难的时候，一定要有证明。我们看这些假设，有的说这本书是骂满洲人的；是满洲人统治中国的时候，汉人含有民族隐痛，写出来骂满洲人的。有的说是写当时的一个大户人家，宰相明珠家中天才儿子纳兰性德的事。有的说是写康熙一朝的政治人物。而我的假设呢？我认为这部书不是谈民族的仇恨，也不是讲康熙时候的事。都不是的！从事实上照极平常的做学问的方法，我提出一个很平常的假设，就是《红楼梦》这本书的作者在开头时说的，他是在说老实话，把他所看见的可爱的女孩子们描写出来；所以书中描写的人物可以把个性充分表现出来。方才说的"大胆的假设"就是这种假设。我恐怕我所提出的假设只够得上小胆的假设罢了！

凡是做学问，不特是文史方面的，都应当这样。譬如在化学实验室做定性分析，先是给你一盒东西，对于这盒东西你先要做几个假设，假设某种颜色的东西是什么，然后再到火上烧烧看，试验管发生了什么变化：这都是问题。这与《红楼梦》的解释一样的有问题；做学问的方法是一样的。我们的经验，我们的学问，是给我们一点知识以供我们提出各种假设的。所以"大胆的假设"就是人人可以提出的假设。因为人人的学问，人人的知识不同，我们当然要容许他们提出各种各样的假设。一切知识，一切学问是干什么用的呢？为什么你们在学校的这几年中有许多必修与选修的学科？都是给你们用；就是使你在某种问题发生的时候，脑背后就这边涌上一个假设，那边涌上一个假设。做学问，上课，一切求知识的事情，一切经验——从小到现在的经验，所有学校功课与课外的学问，为的都是供给你种种假设的来源，使你在问题发生时有假设的材料。如果遇上一个问题，手足无措，那就是学问、知识、经验、不能应用，所以看到一个问题发生，就没有法子解决。这就是学问知识里面不能够供给你一些活的材料，以为你做解决问题的假设之用。

单是假设是不够的，因为假设可以有许多。譬如《红楼梦》这一部小说，就引起了这么多假设。所以第二步就是我所谓"小心的求证"。在真正求证之先，假设一定要仔细选择选择。这许多假设，就是假定的解决方法，看那一个假定的解决方法是比较近情理一点，比较可以帮助我们解决那个开始发生的那个困难问题。譬如《红楼梦》是讲的什么？有什么意思没有？有这么多的假定的解释来了，在挑选的时候先要看那一个假定的解释比较能帮助你解决问题，然后说：对于这一个问题，我认为我的假设是比较能够满意解决的。譬如我的关于《红楼梦》的假设，曹雪芹写的是曹家的传记，是曹雪芹所看见的事实。贾母就是曹母，贾母以下的丫头们也都是他所看见的真实人物。当然名字是改了，姓也改了。但是我提出这一个假设，就是说《红楼梦》是曹雪芹的自传，最要紧的是要求证。我能够证实它，我的假设才站得住；不能证实，它就站不住。求证就是要看你自己所提出的事实是不是可以帮助你解决那个问题。要知道《红楼梦》讲什么，就要做《红楼梦》的考证。现在我可以跟诸位做一个坦白的自白。我做《红楼梦考证》那三十年中，曾经写了十几篇关于小说的考证，如《水浒传》《儒林外史》《三国演义》《西游记》《老残游记》《三侠五义》等书的考证。而我费了最大力量的，是一部讲怕老婆的故事的书，叫做《醒世姻缘》，约有一百万字。我整整花了五年的工夫，做了五万字的考证。也许有人要问，胡适这个人是不是发了疯呢？天下可做学问很多，而且是学农的，为什么不做一点物理化学有关科学方面的学问呢？为什么花多少年的工夫来考证《红楼梦》《醒世姻缘》呢？我现在做一个坦白的自白，就是：我想用偷关漏税的方法来提倡一种科学的治学方法。我所有的小说考证，都是用人人知道的材料，用偷关漏税的方法，来讲做学问的方法的。譬如讲《红楼梦》，至少我对于研究《红楼梦》问题，我对它的态度的谨严，自己批评的严格，方法的自觉，同我考据《水经注》是一样的。我对于小说材料，看做同化学问题的药品材料一样，都是材料。我拿《水浒传》《醒世姻缘》《水经注》等书做学问的材料。拿一种人人都知道的材料用偷关漏税的方法，要人家不自觉的养成一种"大胆的假设，小心的求证"的方法。

假设是人人可以提的。譬如有人提出骇人听闻的假设也无妨。假设是愈大胆愈好。但是提出一个假设，要想法子证实它。因此我们有了大胆的假设以后，还不要忘了小心的求证。比如我考证《红楼梦》的时候，我得到许多朋友的帮助，我找到许多材料。我已经印出的本子，是已经改了多少次的本子。我先要考出曹雪芹于《红楼梦》以外有没有其他著作？他的朋友和同他同时代的人有没有什么关于他的著作？他的父亲、叔父们有没有什么关于他的记载？关于他一家四代五个人，尤其是关于他的祖父曹寅，有多少材料可以知道他那时候的地位？家里有多少钱，多么阔？是不是真正能够招待皇帝到四次？我把这些有关的证据都想法找了来，加以详密的分析，结果才得到一个比较认为满意的假设，认定曹雪芹写《红楼梦》，并不是什么微言大义；只是一部平淡无奇的自传——曹家的历史。我得到这一家四代五个人的历史，就可以帮助说明。当然，我的假设并不是说就完全正确；但至少可以在这里证明"小心求证"这个工夫是很重要的。

现在我再举一个例来说明，方才我说的是先是发生问题，然后是解决问题。要真正证明一个东西，才做研究。要假设一个比较最能满意的假设，来解决当初引起的问题。譬如方才说的《红楼梦》，是比较复杂的。但是我认为经过这一番的研究，经过这一番材料的搜集，经过这一番把普通人不知道的材料用有系统的方法来表现出来，叙述出来，我认为我这个假设在许多假设当中，比较最能满意的解答"《红楼梦》说的是什么？有什么意思？"

方才我提到一部小说，恐怕是诸位没有看过的，叫做《醒世姻缘》，差不多有一百万字，比《红楼梦》还长，可以说是中国旧小说中最长的。这部书讲一个怕老婆的故事。他讨了一个最可怕的太太。这位太太用种种方法打丈夫的父母朋友。她对于丈夫，甚至于一看见就生气，不但是打，有一次用熨斗里的红炭从她丈夫的官服圆领口倒了进去，几乎把他烧死；有一次用洗衣的棒槌打了他六百下，也几乎打死他。把这样一个怕老婆的故事述叙了一百万字以上，结果还是没有办法解脱。为什么呢？说这是前世的姻缘。书中一小半，差不多有五分之一是写前世的事。后半部是讲第二世的故事。在前世被虐待的人，是这世的虐待者。婚姻问题是前世的姻缘，没有法子解脱的。想解脱也解脱不了。结果只能念经做好事。在现代摩登时代的眼光看，这是一个很迷信的故事。但是这部书是了不得的。用一种山东淄川的土话描写当时的人物有一种诙谐的风趣的；描写荒年的情形更是历历如绘。这可以说是世界上一部伟大的小说。我就提倡把这部书用新的标点符号标点出来，同书局商量翻印。写这本书的人是匿名，叫西周生。西周生究竟是什么人呢？于是我做了一个大胆的假设，这个假设可以说是大胆的。（方才说的，我对于《红楼梦》的假设，可以说是小胆的假设。）我认为这部书就是《聊斋志异》的作者蒲松龄写的。我这个假设有什么根据呢？为什么引起我作这种假设呢？这个假设从哪里来的呢？平常的经验、知识、学问，都是给我们假设用的。我的证据是在《聊斋志异》上一篇题名为《江城》的小说。这个故事的内容结构与《醒世姻缘》一样。不过《江城》是一个文言的短篇小说；《醒世姻缘》是白话的长篇的小说。《醒世姻缘》所描写的男主角所以怕老婆，是因为他前世曾经杀过一个仙狐，下一世仙狐就转变为一个女人做他的太太，变得很凶狠可怕。《聊斋志异》里的短篇《江城》所描写，也是因为男主角杀过一个长生鼠，长生鼠也就转世变为女人来做他的太太，以报复前世的冤仇。这两个故事的结构太一样了，又都同时出在山东淄川，所以我就假设西周生就是蒲松龄。我又用语言学的方法，把书里面许多方言找出来。运气很好，正巧那几年国内发现了蒲松龄的几部白话戏曲，尤其是长篇的戏曲，当中有一篇是将《江城》的故事编写成白话戏曲的。我将这部戏曲里的方言找出来，和《醒世姻缘》里面的方言详细比较，有许多特别的字集成为一个字典，最后就证明《醒世姻缘》和《江城》的白话戏曲的作者是同一个小区域里的人。再用别的方法来证明那个时代的荒年；后来从历史的记载里得到了同样的结论。考证完了以后，就有书店来商量印行，并排好了版。我因为想更确实一点，要书局等一等；一等就等了五年。到了第五年才印出来。当时傅先生很高兴——因为他是作者的同乡，都是山东人。我举这一个例，就是说明要大胆的假设，而单只假设还是不够的。后来我有一个在广西桂县的学生来了封信，告诉我说，这个话不但你说，从前已经有人说过了。乾隆时代的鲍廷博，他说留仙（蒲松龄）除了《聊斋志异》以外，还有一部《醒世姻缘》。因鲍廷博是刻书的，曾刻行《聊斋志异》。他说的话值得注意。我经过几年的间接证明，现在至少有个直接的方法帮助我证明了。

我所以举这些例，把这些小说当成待解决的问题看，目的不过是要拿这样人人都知道的材料，来灌输介绍一种做学问的方法。这个方法的要点，就是方才我说的两句话："大胆的假设，小心的求证。"如果一个有知识有学问有经验的人遇到一个问题，当然要提出假设，假定的解决方法。最要紧的是还要经过一番小心的证实，或者否证它。如果你认为证据不充分，就宁肯悬而不决，不去下判断，再去找材料。所以小心的求证很重要。

时间很短促，最后我要引用台大故校长傅先生的一句口号，来结束这次讲演。他这句口号是在民国十七年开办历史语言研究所时的两句名言，就是"上穷碧落下黄泉，动手动脚找东西"。这两句话前一句是白居易《长恨歌》中的一句，后一句是傅先生加上的。今天傅校长已经去逝，可是今天在座的教授李济之先生却还大为宣传这个口号，可见这的确是我们治学的人应该注意的。假设人人能提，最要紧的是能小心的求证；为了要小心的求证，就必须："上穷碧落下黄泉，动手动脚找东西。"今天讲的很浅近，尤其是在座有许多位文史系平常我最佩服的教授，还请他们多多指教。

**本文为一九五二年十二月一日在台湾大学的演讲**

# 第二讲：方法的自觉

钱校长、各位先生、各位同学：

上次我在台大讲治学方法的引论，意思说我们须把科学方法——尤其是科学实验室的态度——应用到文史和社会科学方面。治学没有什么秘诀；有的话就是："思想和研究都得要注意证据。"所以我上次提出"大胆的假设，小心的求证"，两句话作为治学的方法，后来钱校长对我说：学理、工、农、医的人应该注重在上一句话"大胆的假设"，因为他们都已比较的养成了一种小心求证的态度和习惯了；至于学文史科学和社会科学的人，应该特别注重下一句话"小心的求证"，因为他们没有养成求证的习惯。钱校长以为这两句话应该有一种轻重的区别：这个意思，我大体赞成。

今天我们讲治学方法第二讲：方法的自觉。单说方法是不够的；文史科学和社会科学的错误，往往由于方法的不自觉。方法的自觉，就是方法的批评；自己批评自己，自己检讨自己，发现自己的错误，纠正自己的错误。做科学实验室工作的人，比较没有危险，因为他随时随地都有实验的结果可以纠正自己的错误。他假设在某种条件之下应该产生某种结果；如果某种条件具备而不产生某种结果，这就是假设的错误。他便毫不犹豫的检讨错误在什么地方，重新修正。所以他可以随时随地的检讨自己，批评自己，修正自己，这就是自觉。

但我对钱校长说的话也有一点修正。做自然科学的人，做应用科学的人，学理、工、农、医的人，虽然养成了科学实验室的态度，但是他们也还是人，并不完全是超人，所以也不免有人类通有的错误。他们穿上实验室的衣服，拿上了试验管、天平、显微镜、做科学实验的时候，的确是很严格的。但是出了实验室，他们穿上了礼拜堂的衣服，就完全换了一个态度；这个时候，他们就不一定能够保持实验室的"大胆的假设，小心的求证"的态度。一个科学家穿上礼拜的衣服，方法放假了，思想也放假了；这是很平常的事。我们以科学史上很有名的英国物理学家洛奇先生（Sir Oliver Lodge）为例。他在物理学上占很多的地位；当他讨论到宗教信仰问题的时候，就完全把科学的一套丢了。大家都知道他很相信鬼。他谈到鬼的时候，就把科学实验室的态度和方法完全搁开。他要同鬼说话、同鬼见面。他的方法不严格了，思想也放假了。

真正能够在实验室里注重小心求证的方法，出了实验室还能够把实验室的态度应用到社会问题、人生问题、道德问题、宗教问题的——这种人很少。今天我特别要引一个人的话作我讲演的材料：这人便是赫胥黎（T.H. Huxley）。他和达尔文二人，常常能够保持实验室的态度，严格的把这个方法与态度应用到人生问题和思想信仰上去。1860年，赫胥黎最爱的一个儿子死了。他有一个朋友，是英国社会上很有地位的文学家、社会研究家和宗教家，名叫金司莱（Charles Kinsley）。他写了一封信安慰赫胥黎，趁这个机会说："你在最悲痛的时候，应该想想人生的归宿问题吧！应该想想人死了还有灵魂，灵魂是不朽的吧！你总希望你的儿子，不是这么死了就了了。你在最哀痛的时候，应该考虑考虑考虑灵魂不朽的问题呵！"因为金司莱的地位很高，人格是很可敬的，所以赫胥黎也很诚恳的写了一封长信答复他。这信里有几句话，值得我引来作讲方法自觉的材料。他说："灵魂不朽这个说法，我并不否认，也不承认，因为我找不出充分的证据来接受它。我平常在科学室里的时候，我要相信别的学说，总得要有证据。假设你金司莱先生能够给我充分的证据，同样力量的证据，那么，我也可以相信灵魂不朽这个说法。但是，我的年纪越大，越感到人生最神圣的一件举动，就是口里说出和心里觉得'我相信某件事物是真的'；我认为说这一句话是人生最神圣的一件举动，人生最大的报酬和最大的惩罚都跟着这个神圣的举动而来的。"赫胥黎是解剖学大家。他又说："假如我在实验室做解剖、做生理学试验的时候，遇到一个小小的困难，我必须要严格的不信任一切没有充分证据的东西，我的工作才可以成功。我对于解剖学或者生理学上小小的困难尚且如此；那么，我对人生的归宿问题，灵魂不朽问题，难道可以放弃我平常的立场和方法吗？"我在好几篇文章里面常常引到这句话。今天摘出来作为说方法自觉的材料。赫胥黎把嘴里说出，心里觉得"我相信某件事物是真的"这件事，看作人生最神圣的一种举动。无论是在科学上的小困难，或者是人生上的大问题，都得要严格的不信任一切没有充分证据的东西：这就是科学的态度，也就是做学问的基本态度。

在文史方面和社会科学方面的研究，还没有能够做到这样严格。我们以美国今年的大选同四年前的大选来做说明。1948年美国大选有许多民意测验研究所，单是波士顿一个地方就有七个民意测验研究所。他们用社会科学家认为最科学的方法来测验民意。他们说：杜鲁门一定失败，杜威一定成功。到了选举的时候，杜鲁门拿到总投票百分之五十点四，获得了胜利。被社会科学家认为最科学、最精密的测验方法，竟告不灵；弄得民意测验研究所的人，大家面红耳赤，简直不敢见人，几乎把方法的基础都毁掉了。许多研究社会科学、自然科学、统计学的朋友说，不要因为失败，就否认方法；这并不是方法错了，是用方法的人不小心，缺乏自觉的批评和自觉的检讨。今天美国大选，所有民意测验机构都不敢预言谁能得胜了；除了我们平时不挂"民意测验""科学方法"招牌的人随便谈的时候还敢说"我相信艾森豪威尔（艾森豪）会得胜"外，连报纸专栏作家和社论专家都不敢预言，都说今年大选很不容易推测。结果艾森豪威尔（艾森豪）获得了百分之五十五的空前多数。为什么他们的测验含有这样的错误呢？他们是向每一个区域，每一类有投票权的人征询意见，把所得到的结果发表出来，比方今年，有百分之四十九的人赞成共和党艾森豪威尔（艾森豪），百分之四十七赞成民主党史蒂文生，还有百分之四没有意见，1948年的选举，百分之五十点四便可以胜利——其实百分之五十点一就够了，百分之五十点零零一也可以胜利。所以这百分之四没有表示意见的人，关系很大。在投票之前，他们不表示意见，当投票的时候，就得表示意见了。到了这个时候，不说百分之一，就是千分之一也可以影响全局。没有计算到这里面的变化，就容易错误了。以社会科学最精密的统计方法，尚且有漏洞，那么，在文史的科学上面，除了考古学用实物做证据以及很严格的历史研究之外，普通没有受过科学洗礼的人没有严格的自己批评自己的人，便往往把方法看得太不严格，用得太松懈了。

有一个平常我最不喜欢举的例子，今天我要举出来简单的说一说。社会常常笑我，报纸上常常挖苦我的题目。就是《水经注》的案子。为什么我发了疯，花了五年多的工夫去研究《水经注》这个问题呢？我得声明，我不是研究《水经注》本身。我是重审一百多年的《水经注》的案子。我花五年的工夫来审这件案子，因为一百多年来，有许多有名的学者，如山西的张穆，湖南的魏源，湖北的杨守敬和作了许多地理学说为现代学者所最佩服的浙江王国维以及江苏的孟森：他们都说我所最佩服的十八世纪享有盛名的考古学者、我的老乡戴震（东原）先生是个贼，都说他的《水经注》的工作是偷了宁波全祖望，杭州赵一清两个人的《水经注》的工作的。说人家做贼，是一件大事，是很严重的一件刑事诉讼。假如我的老乡还活着的话，他一定要提出反驳，替自己辩白。但是他1777年死的，到现在已经死了一七五年，骨头都烂掉了，没有法子再跑回来替自己辩护。而这一班大学者，用大学者的威权，你提出一些证据，他提出一些证据，一百年来不断的提出证据——其实都不是靠得住的证据——后来积非成是，就把我这位老乡压到了，还加上很大的罪名，说他做贼，说他偷人家的书来做自己的书。一般读书的人，都被他们的大名吓倒了，都相信他们的"考据"，也就认为戴震偷别人的书，已成定论，无可疑了。我在九年前，偶然有一点闲工夫，想到这一位老乡是我平常所最佩服的，难道他是贼吗？我就花了六个月的时间，把他们几个人提出的一大堆证据拿来审查，提出了初步的报告。后来觉得这个案子很复杂，材料太多，应该再审查。一审就审了五年多，才把这案子弄明白；才知道这一百多年的许多有名的学者，原来都是糊涂的考证学者。他们太懒，不肯多花时间，只是关起门考证，随便找几条不是证据的证据，判决一个死人做贼；因此构成了一百多年来一个大大的冤狱！

我写了一篇关于这个案子的文章，登在美国国会图书馆的刊物上。英美法系的证据法，凡是原告或检察官提出来的证据，经过律师的辩论，法官的审判，证据不能成立的时候，就可以宣告报告无罪。照这个标准，我只要把原告提出来的证据驳倒，我的老乡戴震先生就可以宣告无罪了，但

（上）◎ 梦梅馆本《金瓶梅词话》

（下）◎《水经注》

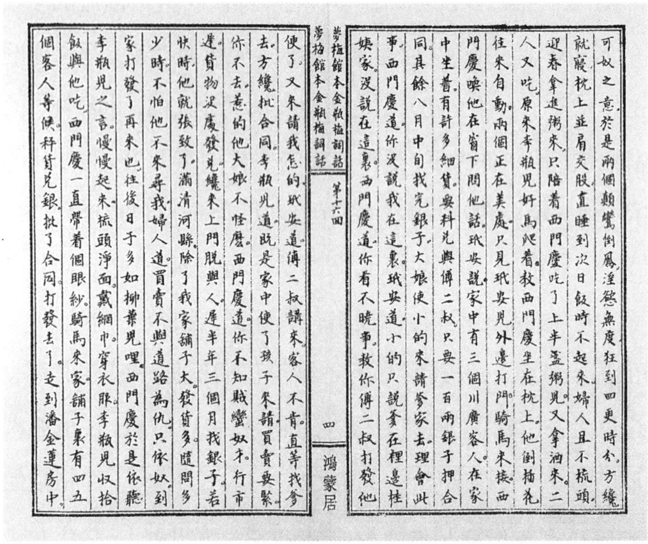

可奴之意於是兩個顛鸞倒鳳淫慾無度狂到四更時分方纔
就寢枕上並肩交股直睡到次日飯時不起來婦人且不梳頭
迎春拿進粥來只陪着西門慶吃了上半盞粥兒又拿酒來二
人又吃原來李瓶兒好馬爬着教西門慶坐在枕上他倒插花
往來自動兩個正在美處只見玳安兒外邊打門騎馬來接西
門慶喚他在窗下問他話玳安說家中有三個川廣客人在家
中坐着有許多細貨要科兒與傅二叔只要一百兩銀子押合
同其餘八月中旬找完銀子大娘使小的來請爹家去理會此
事西門慶道你沒說我在這裏玳安道小的只說爹在裡邊桂
姨家沒說在這裏西門慶道你看不曉事教你傅二叔打發他

夢梅館本金瓶梅詞話　第十六回　四　鴻蒙居

便了又來請我怎的玳安道傅二叔講來客人不肯直等我爹
去方纔批合同李瓶兒道既是家中使了孩子來請買賣要緊
你不去惹的他大娘不怪麼西門慶道你不知賊蠻奴才行市
遲貨物沒處發兌纔來上門脫與人遲半年三個月找銀子若
快時他就張致了滿清河縣除了我家舖子大發貨多隨問多
少時不怕他不來尋我婦人道買賣不與道路為仇只依奴到
家打發了再來也往後日子多如柳葉兒哩西門慶於是依聽
李瓶兒之言慢慢起來梳頭淨面戴網巾穿衣服李瓶兒收拾
飯與他吃西門慶一直帶着個眼紗騎馬來家舖子裏有四五
個客人等候秤貨兌銀批了合同打發去了走到潘金蓮房中

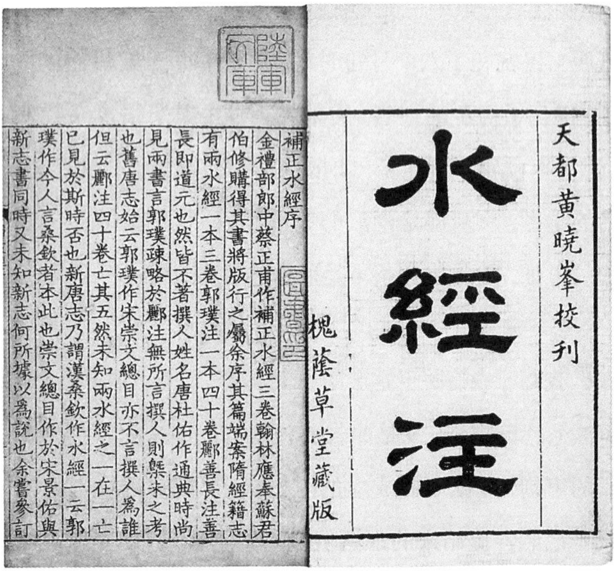

天都黃曉峯校刊

水經注

槐蔭草堂藏版

補正水經序

金禮部郎中蔡正甫作補正水經三卷翰林應奉蘇君
伯修購得其書將版行之屬余序其篇端案隋經籍志
有兩水經一本三卷郭璞注一本四十卷酈善長注善
長即道元也然皆不著撰人姓名唐杜佑作通典時尚
見兩書言郭璞疎略於酈注無所言撰人則槩未之考
也舊唐志始云郭璞作宋崇文總目亦不言撰人為誰
但云酈注四十卷亡其五然未知兩水經之一在一亡
已見於斯時否也新唐志乃謂漢桑欽作水經一云郭
璞作今人言桑欽者本此也崇文總目作於宋景佑與
新志書同時又未知新志何所據以為說也余嘗參訂

是当我拿起笔来要写中文的判决书，就感觉困难。我还得提出证据来证明戴震先生的确没有偷人家的书，没有做贼。到这个时候，我才感到英美法系的证据法的标准，同我们东方国家的标准不同。于是我不但要作考据，还得研究证据法。我请教了好几位法官：中国证据法的原则是什么？他们告诉我：中国证据法的原则只有四个字，就是"自由心证"。这样一来，我证明原告的证据不能成立还不够，还得要做侦探，到处搜集证据；搜了五年，才证明我的老乡的确没有看见全祖望、赵一清的《水经注》。没有机会看见这些书，当然不会偷了这些书，也就没有做贼了。

我花了五年的功夫得着这个结论；我对于这个案件的判决书就写出来了。这虽然不能当作专门学问看，至少也可以作为文史考证的方法。我所以要做这个工作，并不是专替老乡打抱不平，替他做律师，作侦探。我上次说过，我借着小说的考证，来解说治学的方法。同样的，我也是借《水经注》一百多年的糊涂官司，指出考证的方法。如果没有自觉的批评、检讨、修正，那就很危险。根据五年研究《水经注》这个案子的经验，我认为做文史考据的人，不但要时时刻刻批评人家的方法，还要批评自己的方法，不但要调查人家的证据，还得要调查自己的证据。五年的审判经验，给了我一个教训。为什么这些有名的考证学者会有这么大的错误呢？为什么他们会冤枉一位死了多年的大学者呢？我的答案是：这些做文史考据的人，没有自觉的方法。刚才说过，自觉就是自己批评自己，自己检讨自己，自己修正自己。这是最重要的一点。在文史科学，社会科学方面，我们不但要小心的求证，还得要批评证据。自然科学家就不会有这种毛病；因为他们在实验室的方法就是一种自觉的方法。所谓实验，就是用人工造出证据来证明一个学说、理论、思想、假设。比方天然界的水，不能自然的分解成氢气和氧气。化学家在做实验的时候，可以用人工把水分成氢气和氧气各为若干成分。天然界不存在的东西，看不见的现状，科学家在实验室里面用人工使他们产生出来。以证明某种假设：这就是所谓实验。文史科学、社会科学没有法子创造证据。我们的证据全靠前人留下来的；留在什么地方，我们就到什么地方去找。不能说找不到便由自己创造出一个证据来。如果那样，就是伪证，是不合法的。

我们既然不能像自然科学家一样，用实验的方法来创造证据，那么，怎么办呢？除了考古学家还可以从地下发觉证据以外，一般文史考证，只好在这本书里头去发现一条，在那本书里面去发现一条，来作为考证的证据。但是自己发现的证据，往往缺乏自己检讨自己的方法。怎么样才可以养成方法的自觉呢？今天我要提出一个答案；这个答案是我多年以来常常同朋友们谈过，有时候也见诸文字的。中国的考证学，所谓文史方面的考证，是怎么来的呢？我们的文史考证同西方不一样。西方是先有了自然科学。自然科学的方法已经应用了很久，并且已经演进到很严格的地步了，然后才把它应用到人文科学方面；所以他们所用的方法比较好些。我们的考证学已经发达了一千年，至少也有九百年，或者七百年的历史了。从宋朝朱子（殁于西历一千二百年）以来，我们就已经有了所谓穷理、格物、致知的学问，却没有自然科学的方法。人家西方是从自然科学开始；我们却是从人文科学开始。我们从朱子考证《尚书》、《诗经》等以来，就已经开了考证学的风气；但是他们怎么样得到考据的方法呢？他们所用的考证、考据，这些名词，都是法律上的名词。中国的考据学的方法，都是过去读书人做了小官，在判决官司的时候得来的。在唐宋时代，一个中了进士的人，必须先放出去做县尉等小官。他们的任务就是帮助知县审判案子，以训练判案的能力。于是，一般聪明的人，在做了亲民的小官之后，就随时诚诚恳恳地去审判人民的诉讼案件；久而久之，就从判案当中获得了一种考证、考据的经验。考证学就是这样出来的。我们讲到考证学，讲到方法的自觉，我提议我们应该参考现代国家法庭的证据法（Law of Evidence）。在西方证据法发达的国家，尤其是英美，他们的法庭中，都采用陪审制度，审案的时候，由十二个老百姓组成陪审团，听取两造律师的辩论。在陪审制度下，两造律师都要提出证人证物；彼此有权驳斥对方的证人证物。驳来驳去，许多证人证物都因此不能成立，或者减少了作证的力量。同时因为要顾到驳斥的关系，许多假的，不正确的和不相干的证据，都不能提出来了。陪审员听取两造的辩驳之后，开会判断谁有罪，谁无罪。然后法官根据陪审员的判断来定罪。譬如你说某人偷了你的表，你一定要拿出证据来。假如你说因为昨天晚上某人打了他的老婆，所以证明他偷了你的表；这个证明就不能成立。因为打老婆与偷表并没有关系。你要把这个证据提出来打官司，法官就不会让你提出来。就是提出来也没有力量。就算你修辞很好，讲的天花乱坠，也是没用的。因为不相干的证据不算是证据。陪审制度允许两造律师各驳斥对方的证据，所以才有今天这样发达的证据法。

我们的考据学，原来是那些早年做小官的人，从审判诉讼案件的经验中学来的一种证据法。我今天的提议，就是我们做文史考据的人，用考据学的方法，以证据来考订过去的历史的事实，以证据来批判一件事实的有无、是非、真假。我们考证的责任，应该同陪审员或者法官判决一个罪人一样，有同等的严重性。我们要使得方法自觉，就应该运用证据法上允许两造驳斥对方所提证据的方法，来作为我们养成方法自觉的一种训练。如果我们关起门来做考据，判决这个人做贼，那个人是汉奸，是贪官污吏，完全用自己的判断来决定天下古今的是非、真伪、有无；在我们的对面又没有律师来驳斥我们：这样子是不行的。我们要假定有一个律师在那里，他随时要驳斥我们的证据，批评我们的证据是否可靠。要是没有一个律师在我们的面前，我们的方法就不容易自觉，态度也往往不够谨慎，所得的结论也就不够正确了。所以，我们要养成自觉的习惯，必须树立两个自己审查自己的标准：

第一，我们要问自己：你提出的这个证人可靠吗？他有做证人的资格吗？你提出来的证物可靠吗？这件证物是从哪里来的？这个标准是批评证据。

第二，我们还要问自己：你提出的这个证人或者证物是要证明本案的哪一点？譬如你说这个人偷了你的表，你提的证据却是他昨天晚上打老婆；这是不相干的证据，这不能证明他偷了你的表。像这种证据，须要赶出法庭之外去。

要做到方法的自觉，我觉得唯一的途径，就是自己关起门来做考据的时候，就要如临师保，如临父母。我们至少要做到上面所提的两个标准：一要审查自己的证据可靠不可靠；二要审查自己的证据与本案有没有相干。还要假定对方有一个律师在那里，随时要驳斥或者推翻我们的证据。如果能够做到这样，也许可以养成我开始所讲的那个态度，就是要严格的不信任一切没有充分证据的东西。这就是我的提议。

最后，我要简单说一句话：要时时刻刻自己检讨自己，以养成做学问的良好习惯。台大的钱校长和许多研究自然科学、历史科学的人可以替我证明：科学方法论的归纳法、演绎法，教你如何归纳，如何演绎，并不是养成实验室的态度。实验室的态度，是天天在那里严格的自己检讨自己，创造证据来检讨自己，在某种环境之下，逼得你不能不养成某种好习惯。

刚才我说的英国大科学家洛奇先生，在实验室是严格的，出了实验室就不严格了。大科学家尚且如此！所以我们要注意，时时刻刻保持这种良好的习惯。

科学方法是怎么得来的呢？一个人有好的天资、好的家庭、好的学校、好的先生，在极好的环境中，就可以养成了某种好的治学的习惯，也可以说是养成了好的做人的习惯。

比如明朝万历年间福建陈第先生，用科学方法研究中国的古音，证明衣服的"服"字古音读"逼"。他从古书里面，举出二十个证据来证明。过了几十年，江苏昆山的一个大思想家，也是大考据家，顾亭林先生，也作同样的考证；他举出一六二个证据来证明"服"字古音"逼"。那个时候，并没有归纳法、演绎法，但是他们从小就养成了某种做学问的好习惯。所以，我们要养成方法的自觉，最好是如临师保，如临父母，假设对方有律师在打击我，否认我提出的一切证据。这样就能养成良好的习惯。

宋人笔记中记有一个少年的进士问同乡老前辈："做官有什么秘诀？"那个老前辈是个参政（副宰相），约略等于现在的行政院副院长，回答道："做官要勤、谨、和、缓。"后人称为"做官四字诀"。我在小孩子的时候，就听到这个故事；当时没有注意。从前我们讲治学方法，讲归纳法，演绎法；后来年纪老一点了，才晓得做学问有成绩没有，并不在于读了"逻辑学"没有，而在于有没有养成"勤、谨、和、缓"的良好习惯。这四个字不但是做官的秘诀，也是良好的治学习惯。现在我把这四个字分别说明，作为今天讲演的结论。

第一，勤。勤就是不躲懒，不偷懒。我上次在台大讲演，提到台大前校长傅斯年先生两句口号："上穷碧落下黄泉，动手动脚找东西。"那就是勤。顾亭林先生的证明"服"字古音是"逼"，找出一六二个证据，也是勤。我花了几年的工夫来考证《醒世姻缘》的作者；又为"审判"《水经注》的案子，上天下地去找材料。花了五年多的功夫：这都是不敢躲懒的意思。

第二，谨。谨就是不苟且、不潦草、不拆滥污。谨也可以说是恭敬的"敬"。孔子说"执事敬"，就是教人做一件事要郑重的去做，不可以苟且。他又说"出门如见大宾，使民如承大祭"，都是敬事的意思。一点一滴不苟且，一字一笔都不放过，就是谨。谨，就是"小心的求证"中的"小心"两个字。

刚才我引了赫胥黎的两句话："人生最神圣的一件举动就是嘴里说出，心里觉得'我相信某件事物是真的'。"判断某人做贼，某人卖国，要以神圣的态度作出来；嘴里说这句话，心里觉得"相信是真的"。这真是要用孔夫子所谓"如见大宾，如承大祭"的态度的。所以，谨就是把事情看得严谨，神圣；就是谨慎。

第三，和。和就是虚心，不武断，不固执己见，不动火气。做考据，尤其是用证据来判断古今事实的真伪、有无、是非，不能动火气。不但不正当的火气不能动，就是正义的火气也动不得。做学问要和平、虚心。动了肝火，是非就看不清楚。赫胥黎说："科学好像教训我们：你最好站在事实的面前，象一个小孩子一样；要愿意抛弃一切先入的成见，要谦虚的跟着事实走，不管它带你到什么危险的境地去。"这就是和。

第四，缓。宋人笔记："当那位参政提出'缓'字的时候，那些性急的人就抗议说缓要不得；不能缓。"缓，是很要紧的。就是叫你不着急，不要轻易发表，不要轻易下结论；就是说"凉凉去吧！搁一搁、歇一歇吧！"凡是证据不充分或不满意的时候，姑且悬而不断，悬一年两年都可以。悬并不是不管，而是去找新材料。等找到更好的证据的时候，再来审判这个案子。这是最重要的一点。许多问题，在证据不充分的时候，绝对不可以下判断。达尔文有了生物进化的假设以后，搜集证据，反复实验，花了二十年的工夫，还以为自己的结论没有到了完善的地步，而不肯发表。他同朋友通信，曾讨论到生物的演化是从微细的变异积累起来的，但是总是不肯正式发表。后来到了1858年，另外一位科学家华立氏（Wallace）也得到了同样的结论，写了一篇文章寄给达尔文；要达尔文代为提出。达尔文不愿自己抢先发表而减低华立氏发现的功绩，遂把全盘事情交两位朋友处理。后来这两位朋友决定,把华立氏文章以及达尔文在1857年写给朋友的信和在1844年所作理论的撮要同时于1858年7月1日发表。达尔文这样谦让,固然是盛德,但最重要的是他给了我们一个"缓"的例子。他的生物进化论,因为自己觉得证据还没有十分充足,从开始想到以后,经过二十年还不肯发表:这就是缓。我以为缓字很重要。如果不能缓,也就不肯谨,不肯勤,不肯和了。

我今天讲的都是平淡无奇的话。最重要的意思是:做学问要能够养成"勤、谨、和、缓"的好习惯;有了好习惯,当然就有好的方法,好的结果。

**本文为一九五二年十二月五日在台湾大学的演讲**

# 第三讲: 方法与材料

钱校长、各位先生、各位同学:

在三百多年以前,英国有一位哲学家叫做培根(Francis Bacon)。他可以说是鼓吹方法论革命的人。他有一个很有趣的譬喻;他将做学问的人运用材料比做三种动物。第一种人好比蜘蛛。他的材料不是从外面找来,而是从肚里面吐出来的。他用他自己无穷无尽的丝做成很多很好看的蜘蛛网。这种人叫做蜘蛛式的做学问的人。第二种人好比蚂蚁。他也找材料,但是找到了材料不会用,而堆积起来;好比蚂蚁遇到什么东西就背回洞里藏起来过冬,但是他不能够自己用这种材料做一番制造的工夫。这种做学问的人叫做蚂蚁式的学问家。第三种人可宝贵了,他们好比蜜蜂。蜜蜂飞出去到有花的地方,采取百花的精华;采了回来,自己加上一番制造的工夫,成了蜜糖。培根说,这是做学问人的最好的模范——蜜蜂式的学问家。我觉得这个意思,很可以作为我今天讲"方法与材料"的说明。

在民国十七年（西历1928年），台大前任校长傅斯年先生同我两个人在同一年差不多同时发表了两篇文章。他那时并没有看见我的文章，我也没有看见他的文章。事后大家看见了，都很感兴趣，因为都是同样的注重在方法与材料之间的关系。傅先生那篇文章题目是《中央研究院历史语言研究所工作旨趣》。我那篇文章的题目是《治学的方法与材料》。都是特别提倡扩大研究的材料的范围，寻求书本以外的新材料的。

民国十五年，我第一次到欧洲，是为了去参加英国对庚子赔款问题的一个会议。不过那时候我还有一个副作用（我自己认为是主要的作用），就是我要去看看伦敦、巴黎两处所藏的史坦因（Stein）、伯希和（Pelliot）两位先生在中国甘肃省敦煌所偷去的敦煌石室材料。诸位想都听见过敦煌材料的故事；那是最近五十多年来新材料发现的一个大的来源。

在敦煌有一个地方叫千佛洞，是许多山洞。在这些山洞里面造成了许多庙，可以说是中古时期的庙。其中有一个庙里面有一个藏书楼——书库，原来是藏佛经的书库，就是后来报上常提起的“敦煌石室”。在这个书库里面藏有许多卷子——从前没有现在这样的书册，所有的书都是卷子。每一轴卷子都是把许多张纸用一种很妙的粘法连起来的。很妙的粘法！经过一千多年都不脱节，不腐蚀。这里面大概有一万多中国中古时代所写的卷子。有许多卷子曾由当时抄写的人写下了年月。照所记的年代来看，早晚相去约为六百年的长时期。我们可以说石室里面所藏的都是由五世纪初到十一世纪时的宝贝。这里面除了中国文字的经以外，还有一些少数的外国文字的材料。敦煌是在沙漠地带，从前叫沙洲，地方干燥，所以纸写的材料在书库里面经过一千多年没有损坏。但是怎样能保存这么久没有被人偷去抢去呢？大概到了十一世纪的时候，敦煌有一个变乱，敦煌千佛洞的和尚都逃了。在逃走之前，把石室书库外面的门封起来，并且在上面画了一层壁画，所以不留心的人不知道壁画里面是门，门里面有书库，书库里面有一万多卷的宝贝。变乱经过很长的时期。平静了以后，千佛洞的和尚死的死了，老的老了，把书库这件事也忘了。这样便经过一个从十一世纪到十九世纪末年的长时期。到了清光绪庚子年，那时候中国的佛经已经衰败，敦煌千佛洞里面和尚没有了，住上了一个老道，叫王老道。有一天他要重整庙宇，到处打扫打扫；扫到石室前面，看到壁画后面好像有一个门；他就把门敲开，发现里面是一大堆佛经后，就告诉人说那是可以治病的。头痛的病人向他求医，他就把佛经撕下来一些烧了灰，给病人吞下，说是可以治头痛。王老道因此到发了一笔小财。到了西历1907年，英国探险家史坦因在印度组织了一个中亚细亚探险队，路过甘肃，听到了古经治病的传说，他就跑到千佛洞与王老道嘀咕嘀咕勾搭上了。只花了七十两银子，向王老道装了一大车的宝贝材料回到英国去。这一部分在英国伦敦大英博物馆内存着。史坦因不懂得中国文字，所以他没有挑选，只装了一大车走了。到了第二年——西历1908年——，法国汉学家，一个了不得的东方学家，伯希和，他听说这回事，就到了中国，跑到王老道那里，也和王老道嘀咕嘀咕，没有记载说他花了多少钱，不过王老道很佩服他能够看得懂佛经上的中外文字，于是就让他拿。但是伯希和算盘很精，他要挑选；王老道就让他挑。所以他搬去的东西虽然少一点，但是还是最精萃的。伯希和挑了一些有年月材料和一些外文的材料，和许多不认识的梵文的经典，后来就从这些东西里面发现很重要的中文以外的中亚细亚的文字。这一部分东西，现藏在法国国家图书馆。这是第二部分。伯希和很天真，他从甘肃路过北京时，把在敦煌所得的材料，向中国学者请教。中国的学者知道这件事，就报告政府。那时候的学部——教育部的前身——，并没有禁止。任伯希和把他所得材料运往法国了。只是打电报给甘肃，叫他们把所有石室里剩余的经卷都运到北京。那些卷子有的长达几丈，有的又很短。到这时候，大家都知道石室的古经是宝贝了。于是在路上，以及起装当中，大家偷的偷，夹带的夹带。有的时候点过了多少件，就有人将长的剪开凑数。于是这些宝贝又短了不少。运到北京后，先藏在京师图书馆。后来改藏在北平图书馆。这是第三部分。第四部分就是散在民间的。有的藏在中国学者手里，有的在中国的各处图书馆中，有的在私人收藏家手中，有的流落到日本人手中。这是第四部分。在一万多卷古经卷里面，只有一本是刻本的书，是一本《金刚经》，是在第一批被史坦因运到英国去了。那上面注有年代，是唐懿宗年间（西历868年）。这是世界上最早的有日子可以确定的刻本书。此外都是卷子，大概在伦敦有五千多卷，在巴黎有三千多卷，在北平的有六千多卷，散在中国与日本民间收藏家手中的不到一百卷。

那时候（民国十五年）我正在研究中国佛教史——中国哲学史、中国思想史的一部分。我研究到唐朝禅宗的时候，想写一部禅宗史。动手写不到一些时候，我感觉到这部书写不下去，就是因为材料的问题。那个时候我觉得我在中国所能找到的材料，尤其是在十一世纪以后的，都是经过宋人篡改过的。在十一世纪以前，十世纪末叶的《宋高僧传》里面，偶然有几句话提到那个时代唐朝禅宗开始的几个大师的历史，与后来的历史有不同的地方。这个材料所记载的禅宗历史中，有一个最重要的和尚叫做神会。据我那时候所找到的材料的记载，这个神会和尚特别重要。

禅宗的历史是怎么起来的呢？唐朝初年，在广东的韶州（现在的韶关），有一个不认字的和尚名叫慧能。这个和尚在南方提倡一种新的佛教教义，但是因为这个和尚不大认识字，他也没有到外边去传教，就死在韶州，所以还是一个地方性的新的佛教运动。但是慧能有一个徒弟，就是上面所讲的那个神会和尚。神会在他死后，就从广东出发北伐——新佛教运动的北伐，一直跑到河南的滑台。他在滑台大云寺的大庭广众中，指责当时在长安京城里面受帝王崇拜的几个大师都是假的。他说："他们代

表一种假的宗派。只有我那个老师，在广东韶州的不认字的老师慧能，才是真正得到嫡派秘传的。"慧能是一个獦獠——南方的一个民族。他说："从前印度的达摩到中国来，他开了一个新的宗派，有一件袈裟以为法信。这件袈裟自第一祖达摩传给第二祖，第二祖传给第三祖，第三祖传给第四祖，第四祖传给第五祖，都以袈裟为证。到了第五祖，宗派展开了，徒弟也多了，我的老师，那个不认识字的獦獠和尚，本是在第五祖的厨房里舂米的。但是第五祖觉得他懂得教义了，所以在半夜把慧能叫去，把法的秘密传给他，同时把传法的袈裟给他作为记号。后来他偷偷出去到南方传布教义。所以我的老师才是真正嫡派的佛教的领袖第六祖。他已经死了，我知道他半夜三更接受袈裟的故事。现在的所谓'两京法祖三帝国师'，（两京就是东京洛阳，西京长安；三帝就是武则天和中宗、睿宗。）在朝廷受崇拜的那些和尚，都是假的。他们没有得到袈裟，没有得到秘密；都是冒牌的宗派。"神会这种讲演，很富有神秘性；听的人很多。起初在滑台；后来有他有势力的朋友把他弄到东京洛阳。他还是指当时皇帝所崇拜的和尚是假的，是冒牌的。因为他说话时，年纪也大了，口才又好，去听的人比今天还多。但是皇帝崇拜的那些和尚生气了，又因为神会说的故事的确动人，也感觉到可怕，于是就说这个和尚妖言惑众，谋为不轨，奏准皇帝，把神会流放充军。从东京洛阳一直流放到湖北。三年当中，换了三处地方，过着被贬放逐的生活。但是在第三年的时候，安禄山造反，把两京都拿下了；唐明皇跑到四川。这时候由皇帝的一个太子在陕西甘肃的边境灵武，组织一个临时政府，指挥军队，准备平定乱事。那时最重要的一件事，就是筹款解决财政问题。有那么多的军队，而两京又都失陷，到哪里去筹款呢？于是那时候的财政部长就想出一个方法，发钞票——这个钞票，不是现在我们用的这种钞票，而是和尚尼姑必须取得的度牒。——《水浒传》中，鲁智深杀了人，逃到赵员外家里；赵员外就为他买

了度牒，让他做和尚。也就是这种度牒。——但是这个度牒，一定要有人宣传，才可以倾销。必须举行一个会，由很能感动人的和尚去说法，感动了许多有钱的人，这种新公债才有销路。就在那时候，被放逐三年的神会和尚跑了回来；而那些曾受皇帝崇拜的和尚们都已经跑走，投降了，靠拢了。神会和尚以八十岁的高龄回来，说："我来为国报效，替政府推销新的度牒。"据我那时候找到的材料的记载，这个神会和尚讲道的时候，有钱的人纷纷出钱，许多女人们甚至把耳环戒指都拿下来丢给他；没有钱的就愿意做和尚、做尼姑。于是这个推销政府新证券的办法大为成功。对于郭子仪、李光弼收复两京的军事，神会和尚筹款的力量是一个大帮助。当初被政府放逐的人，现在变成了拥护政府帮忙立功的大和尚。祸乱平定以后，皇帝把他请到宫里去，叫工部赶快给神会和尚建造禅寺。神会死时，已九十多岁；替政府宣传时，已将近九十岁了。神会和尚不但代表新佛教北伐，做了北伐总司令，而且做了政府里面的公债推销委员会的主席。他成功身死以后，当时的皇帝就承认他为禅宗第七祖。当然他的老师那个南方不识字的獦獠和尚是第六祖了。那时候我得到的材料是如此。

神会虽然有这一段奋斗的历史，但在过了一二百年以后，他这一派并没有多少人。别的冒牌的人又都起来，个个都说是慧能的嫡派。神会的真真嫡派，在历史上没有材料了。所以当我在民国十五年到欧洲去的时候的副作用，就是要去找没有经过北宋人涂改过的真正的佛教史料。因为我过去搜集这些材料时，就知道有一部分材料在日本，另一部分也许还在敦煌石室里面保存。为什么呢？方才讲过，敦煌的卷子，是从五世纪起到十一世纪的东西。这六百多年恰巧包括我要找的时期，且在北宋人涂改史料以前；而石室里的材料，又差不多百分之九十点九都是佛教材料。所以我要到伦敦、巴黎去，要找新的关于佛教的史料，要找神会和尚有没有留了什么东西在敦煌石室书库里面。这就是我方才说的副作用。到了英国，先看看大英博物院，头一天一进门就看见一个正在展览的长卷子，就是我要找的有关材料。后来又继续找了不少。我到法国的时候，傅斯年先生听说我在巴黎，也从德国柏林赶来。我们两个人同住一个地方，白天在巴黎的国家图书馆看敦煌的卷子，晚上到中国馆子吃饭，夜间每每谈到一两点钟。现在回忆起当时一段生活，实在是很值得纪念的。在巴黎国家图书馆不到三天，就看见了一段没有标题的卷子。我一看，知道我要的材料找到了；那就是神会的语录，他说的话和所作的事。卷子里面常提到"会"；虽然那还是没有人知道过，我一看就知道是神会，我走了一万多里路，从西伯利亚到欧洲，要找禅宗的材料；到巴黎不到三天就找到了。过了几天，又发现较短的卷子，毫无疑义的又是与神会有关的。后来我回到英国，住了较长的时期，又发现一个与神会有关的卷子。此外还有与那时候的禅宗有关系的许多材料。我都照了像带回国来。四年之后，我在上海把它整理出版，题为《神会和尚遗集》。我又为神会和尚写了一万多字的传记。这就是中国禅宗北伐的领袖神会和尚的了不得的材料。我在巴黎发现这些材料的时候，傅先生很高兴。

我所以举上面这个例子，目的是在说明材料的重要。以后我还要讲一点同类的故事——加添新材料的故事。我们用敦煌石室的史料来重新撰写了禅宗的历史，可以说是考据禅宗最重要的一段。这也是世界所公认的。现在有法国的哲学家把我发现后印出来的书全部译成法文，又拿巴黎的原本与我编的校看一次。美国也有人专研究这一题目，并且也预备把这些材料译成英文。因为这些材料至少在中国佛教历史上是新的材料，可以纠正过去的错误，而使研究中国佛教史的人得一个新的认识。

就在那一年冬天，傅孟真先生从德国回到中国；回国不久，就往广东担任中山大学文学院院长，并办了一个小规模的历史语言研究所。后来又应蔡孑民先生之邀，担任中央研究院历史语言研究所所长。不久，在历史语言研究季刊第一本发表了一篇文章,题目叫做《历史语言研究所工作旨趣》。因为我们平常都是找材料的人,所以他那篇文章特别注重材料的重要。这里面有几点是在他死后他的朋友们所常常引用的。他讲到中国三百多年的历史语言学的考据与古韵古音的考据,从顾亭林阎百诗这两个开山大师起,一直到十九世纪末年,二十世纪初年。在这三百多年当中,既然已经有人替我们开了一个新纪元,为什么现在还这样倒霉呢? 傅先生对于这个问题,提出了三个最精辟的解答:

一、凡是能直接研究材料的就进步;凡是不能直接研究材料,只能间接研究材料的,或是研究前人所研究的材料或只能研究前人所创造的材料系统的就退步。

二、凡一种学问能够扩充或扩张他的研究材料的便进步;凡不能扩张他的材料的便退步。

三、凡一种学问能够扩充他作研究时所应用的工具便进步;凡不能扩充他研究时应用的工具的便退步。(在这里,工具也视为材料的一种。)

所以傅先生在他这篇文章中的结论,认为中国历史学语言学之所以能够在当年有光荣的历史,正是因为当时的顾亭林、阎百诗等大师能够开拓的用材料。后来所以哀歇倒霉,也正是因为题目固定了,材料不大扩充了,工具也不添新的了,所以倒霉下去。傅先生在那篇文章里为中央研究院历史语言研究所提出了三条工作旨趣:

一、保持顾亭林、阎百诗的遗训。要运用旧的新的材料,客观的处理实在的问题。因为解决问题而更发生新问题;因为新问题的解决更要求更多的材料。用材料来解决问题,运用旧的新的材料,客观地处理实在和问题,要保持顾亭林、阎百诗等在三百多年前和开拓精神。

二、始终就是扩张研究的材料,充分的扩张研究的材料。

（上）◎《坛经》

（下）◎《红楼梦》

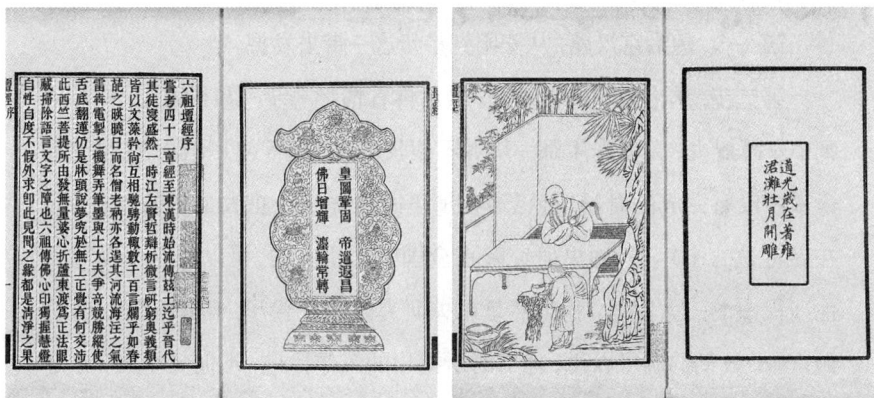

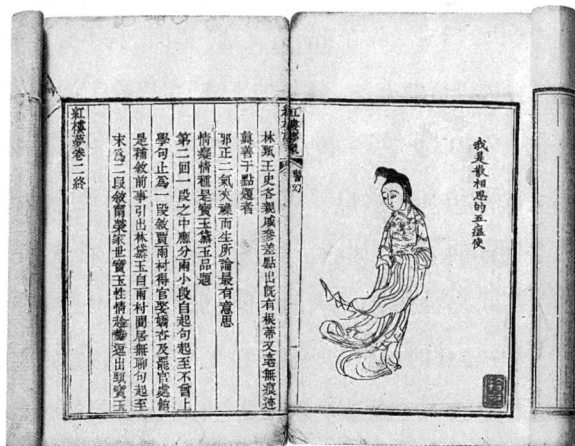

三、扩充研究用的工具。

以上是傅先生在民国十七年——北伐还没有完成，北伐军事还没有结束的时候——就已经提出的意见。他在这篇文章里面还发表了一个很伟大的梦想。他说我们最注意的是求新的材料。所以他计划要大规模的发掘新材料：

第一步，想沿京汉路，从安阳到易州这一带去发掘。

第二步，从洛阳一带去发掘；最后再看情形一步一步往西走，一直走到中亚西亚去。在傅先生那一篇并不很长的《工作旨趣》里面，在北伐革命事还没有完成的时候，他已经在那里做这样一个扩大材料的梦想。而在最近这二十年来，中央研究院在全国学术机关内，可以说充分做到了他所提出的三大旨趣。我虽然是中央研究院的一份子，却并不是在这里做广告。我们的确可以说，他那时所提出的工作旨趣，不但是全国，亦是全世界的学术界所应当惊异的。

我在民国十七年发表的一篇文章，题目是《方法与材料》，已收在《文存》第三集内，后来又收在《胡适文选》里面。我不必详细的讲它了。大意是说：材料可以帮助方法；材料的不够，可以限制做学问的方法；而且材料的不同，又可以使做学问的结果与成绩不同。在那篇文章里面，有一个比较表，拿西历1600年到1675年，七十五年间的这一段历史，与东方的那段七十多年间的历史相比较，指出中国和西方学者做学问的工作，因为所用材料的不同，成绩也有绝大的不同。那时正是傅先生所谓顾亭林、阎百诗时代；在中国那时候做学问也走上了一条新的路，走上了科学方法的路。方法也严密了；站在证据上求证明。象昨天所说的顾亭林要证明衣服的"服"字古音读作"逼"，找了一百六十个证据。阎百诗为《书经》这部中国重要的经典，花了三十年的工夫，证明《书经》中所谓古文的那些篇都是假的。差不多伪古文里面的每一句，他都找出它的来历。这种科学的求证据的方法。就是"大胆的假设,小心的求证"的方法。这种方法与西洋的科学方法,是同样的了不得的。

但是在同一时期,——在1600—1675年这一段时期,——西洋做学问的人是怎么样呢? 在十七世纪初年,荷兰有三个磨玻璃的工匠,他们玩弄磨好的镜子,把两片镜片叠起来,无意中发明了望远镜。这个消息传出去以后,意大利的一位了不得的科学家伽利略(Galileo),便利用这一原理,自出心裁的制造成一个当时欧洲最完美的最好的望远镜。从这个望远镜中发现了天空中许多新的东西。同时在北方的天文学家,开普勒(刻伯勒)(Kepler)正在研究五大行星的运行轨道。他对于五大行星当中火星的轨道,老是计算不出来,但是收集了很大材料。后来刻伯勒就假设说,火星轨道不是平常的圆形的而是椭圆形的;不但有一个中心而且有两个中心。这真是大胆的假设;后来证实这个假设是对的,成为著名的火星定律。当时刻伯勒在北方,伽利略在南方,开了一个新的天文学的纪元。伽利略死了二三十年后,荷兰有一位磨镜工匠叫做李文厚(Leeuwenhoek)。他用简单的显微镜来看毛细管中血液的运行和筋腱的纤维。他看见了血球、精虫、以及细菌(1675年),并且绘了下来。我们可以说,微菌学是萌芽于西历1675年的。伽利略并且在物理学上开了新的纪元,规定了力学的几个基本原理。

就在伽利略去世的那一年(西历1642),一位绝大的天才科学家——牛顿(Newton)——在英国出世。他把刻伯勒与伽利略等人的发现,总结起来,做一个更大胆的假设,可以说是世界有史以来最大胆的二、三个假设中的一个,就是所谓万有引力的定律。整个宇宙所有这些大的星,小的星,以及围绕着太阳的各行星(包括地球),所以能够在空中,各循着一定的轨道运行,是什么原因呢? 就是因为万有引力的缘故。在这七十五年中,英国还有两位科学家我们必须提到的。一位是发明血液循环的哈维（Harvey），他的划时代的小书是1628年出版的。一位是了不起的化学家波耳（Boyle），他的在思想史上有名的著作《怀疑的化学家》是1661年出版的。

西方学者的学问工作，由望远镜、显微镜的发明，产生了力学定律、化学定律，出了许多新的天文学家、物理学家、化学家、生理学家。新的宇宙出现了。但是我们中国在这个时代，在学者顾亭林、阎百诗的领导下做了些什么呢？我们的材料是书本。顾亭林研究古韵，他的确是用新的方法，不过他所用的材料也还是书本。阎百诗研究古文《尚书》，也讲一点道理，有时候也出去看看，但是大部分的材料都是书本。这三百多年来研究语言学、文字学所用的材料都是书本。可是西方同他们同时代的人，象开普勒（刻伯勒）、伽利略、牛顿、哈维、波耳，他们研究学问所用的材料就不仅是书本；他们用作研究材料的是自然界的东西。从前人所看不清楚的天河，他们能够看清楚了；所看不见的卫星，他们能看见了；所看不出来的纤维组织，他们能看出来了。结果，他们奠定了三百年来新的科学的基础，给人类开辟了一个新的科学的世界。而我们这三百年来在学问上，虽然有了了不起的学者顾亭林、阎百诗做引导，虽然可以说也有"大胆的假设，小心的求证"的方法，但是因为材料的不同，弄来弄去离不开书本，结果，只有两部《皇清经解》做我们三百年来治学的成绩。这个成绩跟三百年来西方科学的成绩比起来，相差真不可以道里计。而这相差的原因，正可以说明傅先生的话：凡是能够扩充材料，用新材料的就进步；凡是不能扩充新的材料，只能研究旧的，间接的材料的就退步。我在那一篇文章里面有一张表，可以使我们从这七十五年很短的时间中，看出材料不但是可以限制了方法的使用，而且可以规定了研究的成绩如何。所以我那篇文章后面也有一个和傅先生相类似的意见，就是说：做纸上的考证学，也得要跳过纸上的材料——老的材料，去找新的材料，才可以创造出有价值的成绩。我那篇文章虽然没有他那一种远大的大规模的计划，但是也可以作为他那篇历史上很重要的宣言的小小注脚。我们的结论都是一样的；所不同的地方是我始终没有他那样大规模的梦想：做学问的团体研究，集团研究（Corporate Research）。培根在三百多年前曾有过这种梦想——找许多人来分工合作，大规模的发现新的真理，新的意思，新的原则，新的原理；在西洋各国已经逐渐实现了。中国方面，丁文江先生在北平创立了中国地质调查所，可以说是在北方的一个最重要的学术研究团体，为团体研究、以收集新材料开辟了一个新的领土。在民国十七年，中央研究院成立，尤其是历史语言研究所的成立，在中国的语言学、历史学、考古学、人类学各方面，充分的使用了傅先生的远大的见识，搜罗了全国第一流的研究人才、专家学者，实地去调查、去发掘。例如，安阳的十五次发掘，以及其他八省五十五处的发掘，和全国各地语言语音的调查：这些工作，都是为扩充新的材料。除了地质调查所以外，历史语言研究所可以说是我们规模最大成绩最好的学术研究团体。我们也可以说，中国文史的学问，到了历史语言研究所成立以后才走上了完全现代化完全科学化的大路，这是培根在三百年前所梦想的团体研究的一个大成绩。

不论团体研究也好，个人研究也好，做研究要得到好的成绩，不外上面所说的三个条件：一，直接的研究材料；二，能够随时随地扩张材料；三，能够扩充研究时所用的工具。这是从事研究学问而具有成绩的人所通有的经验。

我在开始讲"治学方法"第一讲的时候，因为在一广场中，到的人数很多，没有黑板，没有粉笔，所以只能讲一些浅显的小说考证材料。有些人认为我举的例太不重要了。不过我今天还要和诸位说一说，我用来考证小说的方法，我觉得还算是经过改善的，是一种"大胆的假设，小心的求证"的方法。我可以引为自慰的，就是我做二十多年的小说考证，也替中国文学史家与研究中国文学史的人扩充了无数的新材料。只拿找材料做标准来批评，我二十几年来以科学的方法考证旧小说，也替中国文学史上扩充了无数的新证据。

我的第一个考证是《水浒传》。大家都知道《水浒传》是七十一回，从张天师开始到卢俊义做梦为止。但是我研究中国小说，觉得可以分为两大类。像《红楼梦》与《儒林外史》是第一类，是创造的小说。另一类是演变的小说；从小的故事慢慢经过很长时期演变扩大成为整部小说：像《水浒传》《西游记》《隋唐演义》《封神榜》等这一类故事都是。我研究《水浒传》，发现是从《宣和遗事》这一本很小的小说经过很长的时期演变而来。在演变当中，《水浒传》不但有七十一回的，还有一百回的、一百二十回的。我的推想是：到了金圣叹的时候，他以文学的眼光，认为这是太长了；他是一个刽子手，又有文学的天才，就拿起刀来把后面的割掉了，还造出了一个说法，说他得到了一个古本，是七十一回的。他并且说《水浒传》是一部了不得的书，天下的文章没有比《水浒》更好的。这是文学的革命，思想的革命；是文学史上大革命的宣言。他把《水浒》批得很好，又做了一篇很好的序，因此，金圣叹的《水浒》，打倒一切的《水浒》。我这个说法，那时候大家都不肯相信。后来我将我的见解，写成文章发表。发表以后，有日本方面做学问的朋友告诉我说：日本有一百回、一百二十回本的《水浒传》。后来我在无意中又找到了一百十五回本、一百二十四回本和一百十九回本。台大的李玄伯先生也找到一百回本。因为我的研究《水浒传》，总想得到新的材料，所以社会上注意到了，于是材料都出来了。这就是一种新材料的发现，也就是二十多年来因我的提倡考证而发现新的材料。

关于《红楼梦》，也有同样的情形。因为我提倡用新的观点考证

《红楼梦》，结果我发现了两种活字版本，是乾隆五十六年和五十七年的一百二十回本。有人以为这个一百二十回本是最古的版本，但也有人说《红楼梦》最初只有八十回，后面四十回是一个叫做高鹗的人加上去的。他也编造了一个故事说：是从卖糖的担子中发现了古本。我因为对于这个解释不能满意，总想找新的材料证明是非，结果我发现了两部没有排印以前的抄本，就是现在印行出来的八十回本。

因为考证《红楼梦》的关系，许多大家所不知道的抄本出现了。此外，还有许多关于曹雪芹一家的传记材料。最后又发现脂砚斋的详本《红楼梦》；虽然不完全，但的确是最早的本子——就是现在我自己研究中的一本。后来故宫博物院开放了，在康熙皇帝的一张抽屉里发现曹雪芹的祖父曹寅的一张秘密奏折。这个奏折说明当时曹家地位的重要。曹雪芹的曾祖、祖父、父亲、叔父三代四个人继续不断在南京做江宁织造五十年，并且兼两淮盐运使。这是当时最肥的缺。为什么皇帝把这个全国最肥的缺给他呢？因为他是皇帝的间谍，是政治特务；他替皇帝侦查江南地方的大臣，监视他们回家以后做些什么事，并且把告老回家的宰相的生活情形，随时报告皇帝。一个两江总督或江苏巡抚晋京朝圣，起程的头一天，江苏下雪或下雨：他把这个天气的情形用最快的方法传达给皇帝。等到那个总督或者巡抚到京朝见时，皇帝就问他"你起程的头一天江苏是下雪吗？"这个总督或巡抚听到皇帝的这个问话，当然知道皇帝对于各地方的情形是很清楚的，因此就愈加谨慎做事了。

我所以举《红楼梦》的研究为例；是说明如果没有这些新的材料，我们的考证就没有成绩。我研究这部书，因为所用的方法比较谨严，比较肯去上天下地动手动脚找材料，所以找到一个最早的脂砚斋抄本——曹雪芹自己批的本子——，和一个完全的八十回的抄本，以及无疑的最早的印本——活字本——，再加上曹家几代的传记材料。因为有这些新材料，所以我们的研究才能有点成绩。但是亦因为研究，我们得以扩张材料：这一点是我们可以安慰自己的。

此外如《儒林外史》，是中国的第一部小说。这本书是一个很有思想的吴敬梓做的。当我在研究时，还不知道吴敬梓是安徽全椒人。我为了考证他的人，要搜求关于他的材料。不到几个月的工夫，就找到了《吴敬梓诗文集》全集，后面还附有他儿子的诗。这厚厚的一本书，在书店中别人都不要的，我花一块半钱就买到了。这当时是一个海内孤本（我恐怕他失传，所以重印了几千册）。就拿这种考证来讲，方法与材料的关系是很重要的。如果没有材料，就没有法子研究；而因为考证时能够搜求材料，又可以增加了许多新材料。

我再用佛教史的研究说明扩张材料。我那年在英国大英博物院看敦煌卷子的时候，该院一位管理人员告诉我说：

有一位日本学者矢吹庆辉刚刚照了许多卷子的影片带回去。后来矢吹庆辉做了一本书叫《三阶教》。这是隋唐之间佛教的一个新的研究；用的材料，一部分是敦煌的卷子，一部分是日本从唐朝得来的材料。

我搜求神会和尚的材料，在巴黎发现敦煌所藏的两个卷子。我把它印出来以后，不到三年，日本有位石井实先生，买到了一个不很长的敦煌的卷子，也是与神会和尚有关的材料。这个卷子和我所发现的材料比较起来，他的前面一段比我发现的少，后面一段比我发现的多。这个卷子，他也印出来了。另外一位日本学者铃木，也有一卷关于神会的卷子；这和我所发见的是一个东西，但是抄写的不同，有多有少，可以互相补充。因为考证佛教史中禅宗这个小小的问题，增添了上面所说的许多材料。

日本的矢吹先生在伦敦博物院把敦煌所藏的卷子照了许多影片带回日本以后，日本学者在这些照片里面发现的一件宝贝，就是上面讲到的，南方韶州地方不认识字的和尚，禅宗第六祖慧能的语录——《坛经》。这是从来没有的孤本，世界上最宝贵的本子。这本《坛经》只有一万一千言；在现在世界上流行的本子有二万二千言。这本《坛经》的出现，证明现在流行的《坛经》有百分之五十是后来的一千多年中和尚们你增一条，我添一章的加进去的，是假的。这也是佛教史上一个重要的发现。总之，因为我考证中国佛教新的宗派在八世纪时变成中国正统的禅宗的历史，我就发现了许多新的材料。

最后我感谢台湾大学给我这个机会——讲学。我很惭愧，因为没有充分准备。我最后一句话，还是我开头所说的"大胆的假设，小心的求证"。在求证当中，自己应当自觉的批评自己的材料。材料不满意，再找新证据。这样，才能有新的材料发现；有新材料才可以使你研究有成绩、有结果、有进步。所以我还是要提一提台大前任校长傅先生的口号："上穷碧落下黄泉，动手动脚找东西。"

**本文为一九五二年十二月六日在台湾大学的演讲**

原载一九五二年十二月二、六、七日台湾《新生报》

# 清代学者的治学方法

一

研究欧洲学术史的人知道科学方法不是专讲方法论的哲学家所发明的，是实验室里的科学家所发明的，不是亚里士多德（Aristotle），倍根（Bacon），弥儿（Mill）一般人提倡出来的，是格利赖（Galileo），牛敦（Newton），勃里斯来（Priestley）一般人实地试行出来的。即如世人所推为归纳论理的始祖的倍根，他不过曾提倡知识的实用和事实的重要，故略带着科学的精神。其实他所主张的方法，实行起来，全不能适用，决不能当"科学方法"的尊号。后来科学大发达，科学的方法已经成了一切实验室的公用品，故弥儿能把那时科学家所用的方法编理出来，称为归纳法的五种细则。但是弥儿的区分，依科学家的眼光看来，仍旧不是科学用来发明真理解释自然的方法的全部。弥儿和倍根都把演绎法看得太轻了，以为只有归纳法是科学方法。近来的科学家和哲学家渐渐的懂得假设和证验都是科学方法所不可少的主要分子，渐渐的明白科学方法不单是归纳法，是演绎和归纳互相为用的，忽而归纳，忽而演绎，忽而又归纳；时而由个体事物到全称的通则，时而由全称的假设到个体的事实，都是不可少的。我们试看古今来多少科学的大发明，便可明白这个道理。更浅一点，我们走进化学实验室里去做完一小盒材料的定性分析，也就可以明白科学的方法不单是归纳一项了。

欧洲科学发达了二三百年，直到于今方才有比较的圆满的科学方法论。这都是因为高谈方法的哲学家和发明方法的科学家向来不很接近，所以高谈方法的人至多不过能得到一点科学的精神和科学的趋势；所以创造科学方法和实用科学方法的人，也只顾他自己研究试验的应用，不能用哲学综合的眼光把科学方法的各方面详细表示出来，使人了解。哲学家没有科学的经验，决不能讲圆满的科学方法论。科学家没有哲学的兴趣，也决不能讲圆满的科学方法论。

不但欧洲学术史可以证明我这两句话，中国的学术史也可以引来作证。

二

当印度系的哲学盛行之后，中国系的哲学复兴之初，第一个重要问题就是方法论，就是一种逻辑。那个时候，程子到朱子的时候，禅宗盛行，一个"禅"字几乎可以代表佛学。佛学中最讲究逻辑的几个宗派，如三论宗和法相宗都很不容易研究，经不起少许政府的摧残，就很衰微了。只有那"明心见性，不立文字"的禅宗，仍旧风行一世。但是禅宗的方法完全是主观的顿悟，决不是多数人"自悟悟他"的方法。宋儒最初有几个人曾采用道士派关起门来虚造宇宙论的方法，如周濂溪、邵康节一班人。但是他们只造出几种道士气的宇宙观，并不曾留下什么方法论。直到后来宋儒把《礼记》里面一篇一千七百五十个字的《大学》提出来，方才算是寻得了中国近世哲学的方法论。自此以后，直到明代和清代，这篇一千七百五十个字的小书仍旧是各家哲学争论的焦点。程、朱、陆、王之争，不用说了。直到二十多年前康有为的《长兴学记》里还争论"格物"两个字究竟怎样解说呢！

《大学》的方法论，最重要的是"致知在格物"五个字。程子、朱子一派的解说是：

> 所谓"致知在格物"者，言欲致吾之知，在即物而穷其理也。盖人心之灵莫不有知，而天下之物莫不有理。惟于理有未穷，故其知有不尽也。是以《大学》始教，必使学者即凡天下之物，莫不因其已知之理而益穷之，以求至乎其极。至于用力之久，而一旦豁然贯通焉，则众物之表里精粗无不到，而吾心之全体大用无不明矣。（朱子补《大学》第五章）

这一种"格物"说便是程、朱一派的方法论。这里面有几点很可注意。（1）他们把"格"字作"至"字解，朱子用的"即"字，也是"到"的意思。"即物而穷其理"是自己去到事物上寻出物的道理来。这便是归纳的精神。（2）"即凡天下之物，莫不因其已知之理而益穷之，以求至乎其极"，这是很伟大的希望。科学的目的，也不过如此。小程子也说，"语其大至天地之高厚，语其小至一物之所以然，学者皆当理会。"倘宋代的学者真能抱着这个目的做去，也许做出一些科学的成绩。

但是这种方法何以没有科学的成绩呢？这也有种种原因。（1）科学的工具器械不够用。（2）没有科学应用的需要。科学虽不专为实用，但实用是科学发展的一个绝大原因。小程子临死时说，"道著用，便不是。"

这种绝对非功用说，如何能使科学有发达的动机？（3）他们既不讲实用，又不能有纯粹的爱真理的态度。他们口说"致知"，但他们所希望的，并不是这个物的理和那个物的理，乃是一种最后的绝对真理。小程子说，"今日格一件，明日格一件，积习既多，然后脱然有贯通处"。又说，"自一身之中，至万物之理，但理会得多，自然豁然有觉悟处"。朱子上文说的"至于用力之久，而一旦豁然贯通焉，则众物之表里精粗无不到，而吾心之全体大用无不明矣。"这都可证宋儒虽然说"今日格一事，明日格一事"，但他们的目的并不在今日明日格的这一事。他们所希望的是那"一旦豁然贯通"的绝对的智慧。这是科学的反面。科学所求的知识正是这物那物的道理，并不妄想那最后的无上智慧。丢了具体的物理，去求那"一旦豁然贯通"的大彻大悟，决没有科学。

再论这方法本身也有一个大缺点。科学方法的两个重要部分，一是假设，一是实验。没有假设，便用不着实验。宋儒讲格物全不注重假设。如小程子说，"致知在格物，物来则知起。物各付物，不役其知，则意诚不动"。天下那有"不役其知"的格物？这是受了《乐记》和《淮南子》所说"人生而静，天之性也，感于物而动，性之欲也"那种知识论的毒。"不役其知"的格物，是完全被动的观察，没有假设的解释，也不用实验的证明。这种格物如何能有科学的发明？

但是我们平心而论，宋儒的格物说，究竟可算得是含有一点归纳的精神。"即凡天下之物，莫不因其已知之理而益穷之"一句话里，的确含有科学的基础。朱子一生有时颇能做一点实地的观察。我且举朱子《语录》里的两个例：

（1）今登高山而望，群山皆为波浪之状，便是水泛如此。只不知因什么事凝了。

（2）尝见高山有螺蚌壳，或生石中。此石即旧日之土，螺蚌即水中之物。下者却变而为高，柔者却变而为刚。此事思之至深，有可验者。

这两条都可见朱子颇能实行格物。他这种观察，断案虽不正确，已很可使人佩服。西洋的地质学者，观察同类的现状，加上胆大的假设，作为有系统的研究，便成了历史的地质学。

# 三

起初小程子把"格物"的物字解作"语其大至天地之高厚，语其小至一物之所以然"，又解作"自一身之中，至万物之理"。这个"物"的范围，简直是科学的范围。但是当科学器械不完备的时候，这样的科学野心，不但做不到，简直是妄想。所以小程子自己先把"物"的范围缩小了。他说"穷理亦多端，或读书讲明义理，或论古今人物，别其是非，或应接事物，处其当然：皆穷理也。"这是把"物"字缩到"穷经，应事，尚论古人"三项。后来朱子便依着小程子所定的范围。朱子是一个读书极博的人，他的一生精力大半都用在"读书穷理"，"读书求义"上。他曾费了大工夫把《四子书》《四经》（《易》，《诗》，《书》，《春秋》）自汉至唐的注疏细细整理一番，删去那些太繁的和那些太讲不通的，又加上许多自己的见解，做成了几部简明贯串的集注。这几部书，八百年来，在中国发生了莫大的势力。他在《大学》《中庸》两部书上用力更多。每一部书有《章句》，又有《或问》，《中庸》还有《辑略》。他教人看《大学》的法子，"须先读本文，念得，次将《章句》来解本文，又将《或问》来参《章句》，须逐一令记得，反复寻究，待他浃洽，既逐段晓得，将来统看温寻过，这方始是。"看这一条,可以想见朱子的格物方法在经学上的应用。

他这种方法是很繁琐的。在那禅学盛行的时代,这种方法自然很受一些人的攻击。陆子批评他道:"易简工夫终久大,支离事业竟浮沉。""支离事业"就是朱子一派的"传注"工夫。陆子自己说:"学苟知本,则《六经》皆我注脚。"又说,"《六经》注我,我注《六经》"。他所说的"本",就是自己的心。他说,"宇宙即是吾心,吾心即是宇宙"。他又说,"万物皆备于我。只要明理。然理不解自明,须是隆师亲友"。

朱子说,"人心之灵,莫不有知,而天下之物,莫不有理"。这是说"理"在物中,不在心内,故必须去寻求研究。陆子说,"此心此理,实不容有二"。心就是理,理本在心中,故说"理不解自明"。这种学说和程、朱一系所说"即物而穷其理"的方法,根本上立于反对的地位。

后来明代王阳明也攻击朱子的格物方法。阳明说:

众人只说格物要依晦翁,何曾把他的说去用。我着实曾用来。初年与钱友同论做圣贤要格天下之物,因指亭前竹子,令去格看。钱子早夜去穷格竹子的道理,竭其心思,至于三日,便致劳神成疾。当初说他是精力不足,某因自去穷格,早夜不得其理,到七日亦以劳思致疾。遂相与叹,圣贤是做不得的,无他大力量去格物了!

王阳明这样挖苦朱子的方法,虽然太刻薄一点,其实是很切实的批评。朱子一系的人何尝真做过"即凡天下之物,莫不因其已知之理而益穷之"的工夫?朱子自己说:"夫天下之物,莫不有理,而其精蕴则已具于圣贤之书,故必由是以求之。"从"天下之物"缩小到"圣贤之书",这一步可算跨得远了!

王阳明自己主张的方法大致和陆象山相同。阳明说:"心外无物。"

又说："物者，事也。凡意之所发，必有其事。意所在之事谓之物。"又说："如吾心发一念孝亲，即孝亲便是物。"他把"格"字当作"正"字解，他说："格者，正也，正其不正以归于正也。"他把"致知"解作"致吾心之良知"，故要人"于其良知所知之善者，即其意之所在之物，而实为之，无有乎不尽；于其良知所知之恶者，即其意之所在之物，而实去之，无有乎不尽"。这就是格物。

陆、王一派把"物"的范围限于吾心意念所在的事物，初看去似乎比程、朱一派的"物"的范围缩小得多了。其实并不然。程、朱一派高谈"即凡天下之物"，其实只有"圣贤之书"是他们的"物"。陆、王明明承认"格天下之物"是做不到的事，故把范围收小，限定"意所在之事谓之物"。但是陆、王都主张"心外无物"的，故"意所在之事"一句话的范围可大到无穷，比程、朱的"圣贤之书"广大得多了。还有一层，陆、王一派极力提倡个人良知的自由，故陆子说，"《六经》为我注脚"，王子说，"夫学贵得之心，求之于心而非也，虽其言之出于孔子，不敢以为是也"。这种独立自由的精神便是学问革新的动机。

但是独立的思想精神，也是不能单独存在的。陆、王一派的学说，解放思想的束缚是很有功的，但他们偏重主观的见解，不重物观的研究，所以不能得社会上一般人的信用。我们在三四百年后观察程、朱、陆、王的争论，从历史的线索上看起来，可得这样一个结论："程、朱的格物论注重'即物而穷其理'，是很有归纳的精神的。可惜他们存一种被动的态度，要想'不役其知'，以求那豁然贯通的最后一步。那一方面，陆、王的学说主张真理即在心中，抬高个人的思想，用良知的标准来解脱'传注'的束缚。这种自动的精神很可以补救程、朱一派的被动的格物法。程、朱的归纳手续，经过陆、王一派的解放，是中国学术史的一大转机。解放后的思想，重新又采取程、朱的归纳精神，重新经过一番'朴学'的训练，于是有

大家
讲谈

清代学者的科学方法出现，这又是中国学术史的一大转机。"

# 四

中国旧有的学术，只有清代的"朴学"确有"科学"的精神。"朴学"一个名词包括甚广，大要可分四部分：

（1）文字学（Philology）。包括字音的变迁，文字的假借通转等等。

（2）训诂学。训诂学是用科学的方法，物观的证据，来解释古书文字的意义。

（3）校勘学（Textual Criticism）。校勘学是用科学的方法来校正古书文字的错误。

（4）考订学（Higher Criticism）。考订学是考定古书的真伪，古书的著者，及一切关于著者的问题的学问。

因为范围很广，故不容易寻一个总包各方面的类名。"朴学"又称为"汉学"，又称为"郑学"。这些名词都不十分满人意。比较起来，"汉学"两个字虽然不妥，但很可以代表那时代的历史背景。"汉学"是对于"宋学"而言的。因为当时的学者不满意于宋代以来的性理空谈，故抬出汉儒来，想压倒宋儒的招牌。因此，我们暂时沿用这两个字。

"汉学"这个名词很可表示这一派学者的共同趋向。这个共同趋向就是不满意于宋代以来的学者用主观的见解来做考古学问的方法。这种消极方面的动机，起于经学上所发生的问题，后来方才渐渐的扩充，变成上文所说的四种科学。现在且先看汉学家所攻击的几种方法——

（1）随意改古书的文字。

（2）不懂古音，用后世的音来读古代的韵文，硬改古音为"叶音"。

（3）增字解经。例如解"致知"为"致良知"。

大家
讲坛

(4) 望文生义。例如《论语》"君子耻其言而过其行"，本有错误，故"而"字讲不通，宋儒硬解为"耻者，不敢尽之意，过者，欲有余之辞"，却不知道"而"字是"之"字之误（皇侃本如此）。

这四项不过是略举几个最大的缺点。现在且举汉学家纠正这种主观的方法的几个例。唐明皇读《尚书·洪范》"无偏无颇，遵王之义"，觉得下文都协韵，何以这两句不协韵，于是下敕改"颇"为"陂"，使与义字协韵。顾炎武研究古音，以为唐明皇改错了，因为古音"义"字本读为我，故与颇字协韵。他举《易·象传》"鼎耳革，失其义也；覆公餗，信如何也"，又《礼记·表记》"仁者，右也；道者，左也；仁者，人也；道者，义也"，证明义字本读为我，故与左字，何字，颇字协韵。

又《易·小过》上六，"弗遇过之，飞鸟离之。"朱子说当作"弗过遇之"。顾炎武引《易·离》九三，"日昃之离，不鼓缶而歌，则大耋之嗟"，来证明"离"字古读如罗，与过字协韵，本来不错。

"望文生义"的例如《老子》"行于大道，唯施是畏"，王弼与河上公都把"施"字当作"施为"解。王念孙证明"施"字当读为"迆"，作邪字解。他举的证据甚多：(1)《孟子·离娄》，"施从良人之所之"，赵岐注，"施者，邪施而行"，丁公著音迆。(2)《淮南·齐俗训》，"去非者，非批邪施也"，高诱注，"施，微曲也"。(3)《淮南·要略》，"接径直施"，高注，"施，邪也"。以上三证，证明施与迆通，《说文》说，"迆，衺行也。"(4)《史记·贾生传》，"庚子日施兮"，《汉书》写作"日斜兮"。(5)《韩非子》的《解老》篇解《老子》这一章，也说，"所谓大道也者，端道也。所谓貌施也者，邪道也。"以上两证，证明施字作邪字解。这种考证法还不令人心服吗？

这几条随便举出的例，可以表示汉学家的方法。他们的方法的根本观念可以分开来说：

（1）研究古书，并不是不许人有独立的见解，但是每立一种新见解，必须有物观的证据。

（2）汉学家的"证据"完全是"例证"。例证就是举例为证。看上文所举的三件事，便可明白"例证"的意思了。

（3）举例作证是归纳的方法。举的例不多，便是类推（Analogy）的证法。举的例多了，便是正当的归纳法（Induction）了。类推与归纳，不过是程度的区别，其实他们的性质是根本相同的。

（4）汉学家的归纳手续不是完全被动的，是很能用"假设"的。这是他们和朱子大不相同之处。他们所以能举例作证，正因为他们观察了一些个体的例之后，脑中先已有了一种假设的通则，然后用这通则所包涵的例来证同类的例。他们实际上是用个体的例来证个体的例，精神上实在是把这些个体的例所代表的通则，演绎出来。故他们的方法是归纳和演绎同时并用的科学方法。如上文所举的第一件事，顾炎武研究了许多例，得了"凡义字古音皆读为我"的通则。这是归纳。后来他遇着"无偏无颇，遵王之义"，一个例，就用这个通则来解释他，说这个义字古音读为我，故能与颇字协韵。这是通则的应用，是演绎法。既是一条通则，应该总括一切"义"字，故必须举出这条"义读为我"的例，来证明这条"假设"的确是一条通则。印度因明学的三支，有了"喻体"（大前提），还要加上一个"喻依"（例），就是这个道理。

五

我现在且举几个最精密的长例来表示汉学家的科学方法。清代汉学的成绩，要算文字学的音韵一部分为最大，故我先举钱大昕考定古今音变迁的一条例。钱氏于古音学上有两大发明，一是"古无轻唇音"，一是

"古无舌头舌上之分"。前一条我已引在我的《中国哲学史大纲》里了。现在且举他的"古无舌头舌上之分"一条。舌上的音如北方人读"知"、"彻"、"澄"三组的字都是舌上音。舌头音为"端"、"透"、"定"三组的字（西文的D, T两母的字）。钱氏发明现读舌上音的字古音都读舌头的音。他举的例如下：

（1）《说文》，"冲读若动"。《书》"惟予冲人"，《释文》"直忠切"。读直如特，冲子犹童子也。字母家不识古音，读冲为虫，不知古读虫亦如同也。《诗》"蕴隆虫虫"，《释文》，"直忠反"；徐，"徒冬反"。《尔雅》作爞爞，郭，"都冬反"。《韩诗》作烔，音徒冬反。是虫与同，音不异。

（2）古音中如得。《三仓》云，"中，得也"。《史记·封禅书》"康后与王不相中"；《周勃传》"子胜之尚公主，不相中"。小司马皆训为得。

（3）古音陟如揪。《周礼》"太卜掌三梦之法，……三日咸陟"。注，"陟之言得也，读如王德翟人之德"。

（4）古音赵如䄻。《诗》"其镈斯赵"，《释文》，"徒了反"。《周礼·考工记》注引此作"其镈斯揪"，大了反。《荀子》杨倞注，"赵读为掉"。

（5）古音直如特。《诗》"实惟我特"，《释文》，"《韩诗作直，云相当值也"。《檀弓》"行并植于晋国"，注，"植或为特"。《王制》"天子犆礿"，《释文》"犆音特"。

（6）古音竹如笃。《诗》"绿竹猗猗"，《释文》"《韩诗》作薄，音徒沃反"，与笃音相近，皆舌音也。笃竹并从竹得声。《论语》"君子笃于亲"，《汗简》云，"古文作竺"。《书》"笃不忘"，《释文》"本又作竺"。《释诂》，"竺，厚也"，《释文》"本又作笃"。《汉书·西域传》，"无雷国北与捐毒接"，师古曰，"捐毒即身毒，天毒也"。《张骞传》，"吾贾人转市之身毒国"，邓展曰，"毒音督"，李奇曰，"一名天竺"。《后汉书·杜笃传》，“摧天督”，注，“即天竺国”。然则竺，笃，毒，督，四字同音。

（7）古读猪如都。《檀弓》“洿其宫而猪焉”，注，“猪，都也，南方谓都为猪”。《书》，“大野既猪”，《史记》作既都。“荥波既猪”，《周礼注》引作“荥播既都”。

（8）古读追如堆。《郊特牲》，“母追”，《释文》“多雷反”。《枚乘·七发》，“逾岸出追”，李善注，“追古堆字”。

（9）古读倬如菿。《诗》“倬彼甫田”，《韩诗》作菿。

（10）古读枨如棠。孔子弟子申枨，《史记》作申棠。……因枨有棠音，可悟古读“长”丁丈切，与党音相似，正是音和，非类隔。

（11）古读池如沱。《诗》“滮池北流”，《说文》引作“滮沱”。《周礼》职方氏，“并州，其川虖池”；《礼记》“晋人将有事于河，必先有事于恶池”，即滹沱之异文。

（12）古读廛如坛。《周礼》廛人，注，“故书廛为坛，杜子春读坛为廛”。“载师以廛里任国中之地”，注，“故书廛或为坛，司农读为廛”。

（13）古读秩如豑。《书》“平秩东作”，《说文》引作豑，从丰，弟声。……凡从失之字，如跌，迭，瓞，昳，詄，皆读舌音，则秩亦有迭音可信也。

（14）侄娣本双声字。《公羊·释文》“侄，大结反，娣，大计反”，此古音也。《广韵》，侄有“徒结”、“直一”两切。

（15）古读陈如田。《说文》“田，陈也”。陈完奔齐，以国为氏，而《史记》谓之田氏，是古田陈同声。

钱氏所举的例，不止这十五个，我不能全抄了。看他每举一个例，必先证明那个例；然后从那些证明了的例上求出那“古无舌头舌上之分”的大通则。这里面有几层的归纳，和几层的演绎。他从《诗·释文》《檀弓·注》《王制·释文》各例上寻出“古读直如特”的一条通则，便是一层归纳。他用同样的方法去寻出"古读竹如笃"，"古读猪如都"等等通则，便是十几次的归纳。然后把这许多通则贯串综合起来，求出"古读舌上音皆为舌头音"的大通则，便是一层大归纳。经过这层大归纳之后，有了这个大通则，再看这个通则有没有例外。如字书读冲为虫，他便可应用这条大通则，说虫字古时也读如"同"。这是演绎。他怕演绎的证法还不能使人心服，故又去寻个体的例，如虫字的"直忠"和"都冬"两切，证明虫字古读如同。这又是归纳了。

这是汉学家研究音韵学的方法。三百年来的音韵学所以能成一种有系统有价值的科学，正因为那些研究音韵的人，自顾炎武直到章太炎都能用这种科学的方法，都能有这种科学的精神。

# 六

我再举一个训诂学的例。清代讲训诂的方法，到王念孙、王引之父子两人，方才完备。二王以后，俞樾、孙诒让一班人都跳不出他们两人的范围。王氏父子所著的《经传释词》，可算得清代训诂学家所著的最有统系的书，故我举的例也是从这部书里来的。古人注书最讲不通的，就是古书里所用的"虚字"。"虚字"在文法上的作用最大，最重要。古人没有文法学上的名词，一切统称为"虚字"（语词，语助词等等），已经是很大的缺点了。不料有一些学者竟把这些"虚字"当作"实字"用，如"言"字在《诗经》里常作"而"字或"乃"字解，都是虚字，被毛公、郑玄等解作代名词的"我"字，便更讲不通了。王氏的《经传释词》全用归纳的方法，举出无数的例，分类排比起来，看出相同的性质，然后下一个断案，定他们的文法作用。我要举的例是用在句中或句首的"焉"字。

"焉"字用在句尾，是很平常的用法。例如"殆有甚焉"，"必有事焉"，都作"于此"解，那是很容易的。但是"焉"字又常常用在一句的中间或一句的起首，他的功用等于"于是"，"乃"，"则"一类的状词，大概是表时间的关系，有时还带着一点因果的关系。王氏举的例如下：

（1）《礼记·月令》，"命舟牧覆舟，五覆五反，乃告舟备具于天子，天子焉（于是）始乘舟"。

（2）《晋语》，"尽逐群公子，乃立奚齐，焉（于是）始为令于国。"

（3）《墨子·鲁问》，"公输子自鲁南游楚，焉（于是）始为舟战之器"。

（4）《山海经·大荒西经》，"夏后开焉（于是）始得歌九招"。

（5）《祭法》，"坛墠有祷，焉（则）祭之；无祷乃止"。

（6）《三年问》，"故先王焉（乃）为之立中制节"。

（7）又，"焉使倍之，故再期也"。

（8）《大戴礼·王言》篇，"七教修，焉（乃）可以守；三至行，焉（乃）可以征"。

（9）《曾子·制言》篇，"有知，焉（乃）谓之友；无知，焉谓之主"。

（10）《齐语》，"乡有良人，焉（乃）以为军令"。

（11）《吴语》，"吾道路悠远，必无有二命，焉（乃）可以济事"。

（12）《老子》，"信不足，焉（于是）有不信"。

（13）《管子·幼官》篇，"胜无非义者，焉（乃）可以为大胜"。

（14）又《揆度》篇，"民财足则君赋敛焉（乃）不穷"。

（15）《墨子·亲士》篇，"焉（乃）可以长生保国"。

（16）又《兼爱》，"必知乱之所自起，焉（乃）能治之"。

（17）又《非攻》，"汤焉（乃）敢奉率其众以乡有夏之境"。

（18）《庄子·则阳》篇，"君为政，焉（乃）勿卤莽；治民，焉（乃）勿灭裂"。

(19)《荀子·议兵》篇，"若赴水火，入焉（则）焦没耳"。

(20)又，"凡人之动也，为赏庆为之，则见害伤焉（乃）止矣"。

(21)《离骚》，"驰椒邱且焉（于是）止息"。

(22)《九章》，"焉（于是）洋洋而为客"，"焉（于是）舒情而抽信兮"。

(23)《九辩》，"国有骥而不知乘兮，焉（乃）皇皇而更索"。

(24)《招魂》，"巫阳焉（乃）下招曰"。

(25)《远游》，"焉（乃）逝以徘徊"。

(26)僖十五年《左传》，"晋于是乎作爰田，晋于是乎作州兵"。《晋语》作"焉作辕田，焉作州兵。"是"焉"与"于是"同义。

(27)《荀子·礼论》篇，"三者偏亡，焉无安人"。《史记·礼书》用此文，焉作则。《老子》，"故贵以身为天下，则可寄天下"。《淮南·道应训》引此，则作焉。是"焉"与"则"同义。

这种方法，先搜集许多同类的例，比较参看，寻出一个大通则来：完全是归纳的方法。但是以我自己的经验看起来，这种方法实行的时候，决不能等到把这些同类的例都收集齐了，然后下一个大断案。当我们寻得几条少数同类的例时，我们心里已起了一种假设的通则。有了这个假设的通则，若再遇着同类的例，便把已有的假设去解释他们，看他能否把所有同类的例都解释的满意。这就是演绎的方法了。演绎的结果，若能充分满意，那个假设的通则便成了一条已证实的定理。这样的办法，由几个（有时只须一两个）同类的例引起一个假设，再求一些同类的例去证明那个假设是否真能成立：这是科学家常用的方法。假设的用处就是能使归纳法实用时格外经济，格外省力。凡是科学上能有所发明的人，一定是富于假设的能力的人。宋儒的格物方法所以没有效果，都因为宋儒既想格物，又想"不役其知"。不役其知就是不用假设，完全用一种被动的态度。那样的用法，决不能有科学的发明。因为不能提出假设的人，严格说来，竟可说是不能使用归纳方法。为什么呢？因为归纳的方法并不是教人观察"凡天下之物"，并不是教人观察乱七八糟的个体事物；归纳法的真义在于教人"举例"，在于使人于乱七八糟的事物里面寻出一些"类似的事物"。当他"举例"时，心里必已有了一种假设。如钱大昕举冲，中，陟，直，赵，竺等字时，他先已有了一种"类"的观念，先有了一种假设。不然，他为什么不举别的整千整万的字呢？又如王氏讲"焉"字的例，他若先没有一点假设，为什么单排出这些句中和句首的"焉"字呢？汉学家的长处就在他们有假设通则的能力。因为有假设的能力，又能处处求证据来证实假设的是非，所以汉学家的训诂学有科学的价值。道光年间有个方东树做了一部《汉学商兑》，极力攻击汉学家，但他对于高邮王氏的《经义述闻》，也不能不佩服，不能不说"实足令郑、朱俛首，自汉、唐以来未有其比"。这可见汉学家的方法精密，就是宋学的死党也不能不心服了。

# 七

我在上文已举了音韵学和训诂学的例，我现在再举清代校勘学作例。古书被后人抄写刻印，很难免去错抄错刻的弊病。譬如我做了一篇一百字的文章，写好之后，我自己校看一遍，没有错字。这个原稿可叫做"甲"。我的书记重抄一篇，送登《北京大学月刊》。因为"甲"是用草字写的，抄本"乙"误认了一个字，遂抄错了一个字。这篇"乙"稿拿去排印，商务印书馆的排工又排错了一字；这个印本，可叫做"丙"。这三个本子的"可靠性"有如下的比例：

"甲"本，100；"乙"本，99；"丙"本，9702。

这一个本子，只经过三手，已比原本减少02.98的可靠性了。何况古代

（上）◎《汉书》
（下）◎《说文解字》

的著作，经过了一两千年的传抄翻印，那能保得住没有错误呢。校勘学的发生，只是要救正这种"日读误书"的危险。但是这种校勘的工夫，初看似乎很容易，其实真不容易。譬如上文说的"丙"本，只须寻着我的"甲"本，细细校对一遍，就可校正了。但是这种容易的校勘是不常有的。有些古书并没有原本可用来校对，所有的古本，无论怎样古，终究是抄本。有时一部书只有一个传本，并无第二本。校书的人既不可随意乱改古书，又不可穿凿附会，勉强解说（说详本篇第四章），自不能不用精密的方法，正确的证据，方才能使人心服。清代的校勘学所以能使人心服，正为他用的是科学的方法。

　　校勘学的方法可分两层说。第一是根据，第二是评判，根据是校勘时用来作比较参考的底本。根据大约有五种：（1）根据最古的本子。例如阮元的《论语注疏校勘记》引据的本子是：《汉石经残字》、《唐石经》、《宋石经》、皇侃《义疏》、《高丽本》（据陈鳣《论语古训》引的）、《十行本》（宋刻的，元明修补的）、《闽本》（明嘉靖时刊）、《非监奉》（明万历时刊）、《毛本》（明崇祯时刊）共计九种古本。（2）根据古书里引用本书的文句。例如《群书治要》《太平御览》等书引了许多古书，可以用作参考。又如阮元校勘《论语》"君子耻其言而过其行"一句，先说："皇本，高丽本，而作之；行下有也。"这是前一种的根据。阮元又说："按《潜夫论·交际篇》，孔子疾夫言之过其行者，亦作之字。"这是第二种根据。又如《荀子·天论》，"内外无别，男女淫乱，则父子相疑，上下乖离"，这四项是平等的，不当夹一个"则"字。《韩诗外传》有这一段，没有"则"字；《群书治要》引的，也没有"则"字。故王念孙根据这两书，说"则"字是衍文。（3）根据本书通行的体例。最明显的例是《墨子·小取》篇，"辟也者，举也物而以明之也。"第二个"也"字，初看似乎无意思，故毕沅校《墨子》，便删了这个字。王念孙后来发现"《墨子》书通以也为他"一条通例，故说这个"也"字也是"他"字："举他物以明此物谓之譬"，这就明白了。他的儿子王引之又用这条通例来校《小取》篇"无也故焉"的"也"字也是"他"字；又"无故也焉"一句也应该改正为"无也故焉"，那"也"字也是"他"字。后来我校《小取》篇，"是犹谓也者同也，吾岂谓也者异也"两句，也用这条通例来把第一和第三个"也"字都读作"他"字。（4）根据古注和古校本。古校本最重要的莫如陆德明的《经典释文》。古注自汉以来多极了，不能遍举。我且举两个应用的例。《易·系辞传》，"拟之而后言，议之而后动"，议字实在讲不通。《释文》云，"陆姚、桓元、荀柔之作仪"。"仪"字作效法解，与"拟"字并列，便讲得通了。《系辞》又有"几者，动之微，吉之先见者也"。我不懂得此处何故单说"吉"，不说"吉凶"。后来我读孔颖达《正义》说"诸本或有凶字者，其定本则无也"，方才知道唐初的人还见过有"凶"字的本子，可据此校改。后来我读《汉书·楚元王传》，"穆生曰，《易》称知几其神乎；几者，动之微，吉凶之先见者也"。此又可证我的前说。（5）根据古韵。我引王念孙《读书杂志》一段作例：

《淮南子·原道训》，"是故无所私而无所公，靡滥振荡，与天地鸿洞；无所左而无所右，蟠委错紾，与万物始终"。案始终当作终始（上文云，"水流而不止，与万物终始"）。公洞为韵。右始为韵（右古读若"以"，说见《唐韵正》）。若作始终，则失其韵矣。《俶真训》，"若夫真人则动溶于至虚而游于灭亡之野，骑蜚廉而从敦圄，驰于外方（外方据道藏本；各本作方外），休乎宇内，烛十日而使风雨，臣雷公，役夸父，妾宓妃，妻织女"。案"宇内"当为"内宇"（内宇犹宇内也，若林中谓之中林，谷中谓之中谷矣）。内宇与外方相对为文。宇与野，圄，雨，父，女为韵（野古读若"墅"，说见《唐韵正》），若作"宇内"则失其韵矣。

《说林》篇，"无乡之社，易为黍肉；无国之稷，易为求福。"案"黍肉"当作"肉黍"。后人以肉与福韵相协，故改为"黍肉"。不知福字古读若逼，不与肉为韵也。社黍为韵（社古读若墅。《说文》，社从示，上声。《甘誓》，"不用命戮于社"，与祖为韵。《郊特牲》，"而君亲誓社"，与赋，旅，伍，为韵。《左传》闵二年，成季将生卜辞，"闲于两社"，与辅为韵。《管子·揆度》篇，"杀其身以衅其社"，与鼓，父，为韵），稷福为韵。若作黍肉，则失其韵矣。

以上五项是校勘学的根据。但是这几种根据都有容易致误的危险。先说古本。我们所有的"古本"，已不知是经过了多少次口授手写的抄本了，其中难保没有错误。近人最崇拜宋版的书，其实宋版也有好坏，未必都可用作根据。次说古书转引本书的文句，也有两大危险。第一，引书的人未必字字依照原文，往往随意增减字句。第二，初引或不误，后来传抄翻印，难免没有错误。次说本书的通例，也许著书的人偶然变例。次说古注与古校本。古校本往往有许多种不同的，究竟应该从那一个校本。古注本也有被后人妄改了的。例如《老子》二十三章，"信不足焉，有不信焉"。这句本当作"信不足，焉有不信。"（看上文第六节）故王弼注云，"忠信不足于下，焉有不信也。"（此据〈永乐大典〉本）但今本王注改作"忠信不足于下焉，有不信焉"，这便不成话了。最后说古韵的根据，有时也容易致误。我且引一条最可注意的例：

《易经·剥象传》："君子得舆，民所载也；小人剥庐，终不可用也。"又《丰象传》，"丰其沛，不可大事也；折其右肱，终不可用也。"这两条的韵很不容易说明。顾炎武作《易音》，竟不懂"用"何以能与"载""事"为韵。杨宾实说，两"用"字皆"害"字之误。卢文昭赞成此说，说："害在十四泰，载在十九代，事在七志，古韵皆得相通。古害字作亯，故易与'用'字相混。"

这一说，从表面看去，似乎很圆满了。后来王念孙驳他道："凡《易》

言君子小人者，其事皆相反。君子得舆，小人剥庐，亦取相反之义，……
非谓小人不能害君子也。右肱为人之所用，右肱折则终不可用，……折肱
则害及肱矣，何言终不可害乎？今案‘用’读为‘以’。《苍颉》篇，‘用，以
也’。用与以声近而义同，故用可读为以。犹‘集’与‘就’声近而义同，故
集可读就；‘戎’与‘汝’声近而义同，故戎可读为汝也。……《剥象传》
以灾，尤，载，用，为韵；《丰象传》以灾，志，事，用，为韵，……于古音并
属‘之’部。……若‘害’字则从丰声，丰读若介，于古音属‘祭’部，……
（在诸经中，与害为韵者）凡发，拨，大，达，败，晳，逝，外，未，说，辖，
迈，卫，烈，月，揭，竭，世，艾，岁，等字，皆属‘祭’部。遍考群经《楚
辞》，未有与‘之’部之灾，尤，载，志，事，等字同用者。至于《老》《庄》
诸子，无不皆然。是害与灾，尤，载，志，事，五字，一属‘祭’部，一属‘之’
部，两部绝不相通。”（《经义述闻》卷二）

因为这些根据都容易弄错，故校勘学不能全靠根据。校勘学的重要
工夫在于“评判”。校勘两字都是法律的名词，都含有审判的意思；英文
“Textual Criticism"译言“本子的评判”。我们顾名思义，可知校勘学决不
单靠本子或他种的根据，可知校勘重在细心的判断。上文王念孙校一个
“用”字，便是评判的工夫。段玉裁有《与诸同志书论校书之难》一篇，说
这个道理最明白：

校书之难，非照本改字，不讹不漏之难也，定其是非之难。是
非有二：曰底本之是非，曰立说之是非。必先定其底本之是非，而后
可断其立说之是非。二者不分，缪辄如治丝而棼，如算之淆乱其法
质，而瞀乱乃至不可理。

何谓底本？著书者之稿本是也。何谓立说？著书者所言之义理是也。

《周礼·轮人》："望而视其轮，欲其帱尔而下迤也。"自《唐石经》以下各本皆作"下迤"。唐贾氏作"不迤"。故《疏》曰："不迤者，谓辐上至毂，两两相当，正直不旁迤，故曰不迤也。"文理甚明。今各本疏文皆作"下迤"（"下迤者，谓辐上至毂，两两相当，正直不旁迤，故曰下迤也"），其语绝无文理，则非贾文之底本矣。此由宋人以《疏》合经《注》者，改《疏》之"不"字合经之"下"字，所仍之经非贾氏之经本也。然则经本有二，"下"者是欤？"不"者是欤？

曰，"下"者是也。"望而视其轮"，谓视其已成轮之牙。轮圜甚，牙皆向下迤邪，非谓辐与毂正直两两相当也。经下文，"县之以视其辐之直"，自谓辐。"规之以视其圜"，自谓圜。轮之圜在牙。上文"毂，辐，牙，为三材"，此言轮，辐，毂。轮即牙也。然则《唐石经》及各本经作"下"，是；贾氏本作"不"，非也。而义理之是非得矣。倘有浅人校《疏》文"下迤"之误，改为"不迤"，因以疏文之"不迤"，改经文之"下迤"，则贾疏之底本得矣，而于义理乃大乖也。（段氏共引五例，今略。）……

故校经之法，必以贾还贾，以孔还孔，以陆还陆，以杜还杜，以郑还郑，各得其底本，而后判其义理之是非，而后经之底本可定，而后经之义理可以徐定。不先正《注》，《疏》，《释文》之底本，则多诬古人。不断其立说之是非，则多误今人。（《经韵楼集》）

我们看了这种校勘学方法论，不能不佩服清代汉学家的科学精神。浅学的人只觉得汉学家斤斤的争辩一字两字的校勘，以为"支离破碎"，毫无趣味。其实汉学家的工夫，无论如何琐碎，却有一点不琐碎的元素，就是那一点科学的精神。

凡成一种科学的学问，必有一个系统，决不是一些零碎堆砌的知识。音韵学自从顾炎武、江永、戴震、钱大昕、段玉裁、王念孙，直到章炳麟、黄侃研究古音的分部，声音的通转，不但分析更细密了，并且系统条理也更清楚明白了。训诂学用文字假借，声类通转，文法条例三项作中心，也自成系统。校勘学的头绪纷繁，很不容易寻出一些通则来。但清代的校勘学却真有条理系统，做成一种科学。我们试看王念孙《读〈淮南子〉杂志》的《后序》，说他订正《淮南子》共九百余条，推求"致误之由"，可得六十四条通则。这一篇一万二千字的空前长序（《读书杂志》九之二十二）真可算是校勘学的科学方法论。又如俞樾的《古书疑义举例》的五，六，七，三卷也提出许多校勘学的通则，也可算是校勘学的方法论。

# 八

我想上文举的例很可以使读者懂得清代学者的治学方法了。他们用的方法，总括起来，只是两点。（1）大胆的假设，（2）小心的求证。假设不大胆，不能有新发明。证据不充足，不能使人信仰。上文举的许多例，大概多偏重求证的一方面。我现在且引清学的宗师戴震论《尚书·尧典》"光被四表"的光字的历史作为最后的一条例，作为我这一篇方法论的总结束。

《尧典》"光被四表，格于上下"。蔡沈解"光"为"显"，这是最普通的解法。但是孔安国《传》说，"光，充也"。光字作显解，何等近情近理。为什么古人偏要解作"充"字呢？岂不是舍近而求远吗？但是戴震说：

> 《孔传》，"光，充也。"陆德明《释文》无音切。孔冲远《正义》曰，"光，充，《释言》文"。据郭本《尔雅》，"桄，颎，充也"。注曰，"皆充盛也"。《释文》曰，"桄，孙作光，古黄反"。用是言之，光之为光，《尔雅》具其义。……虽《孔传》出魏、晋间人手，以仆观此字，据依《尔雅》，又密合古人属词之法，非魏、晋间人所能，必

袭取师师相传旧解，见其奇古有据，遂不敢易尔。后人不用《尔雅》及古注，殆笑《尔雅》迂远，古注胶滞，如光之训充，兹类实繁。余独以谓病在后人不能遍观尽识，轻疑前古，不知而作也。

戴震是不信伪《孔传》的人，但他却要为"光，充也"一句很不近情理的话作辩护士。我们且看他的说法：

> 《尔雅》桄字，六经不见。《说文》，"桄，充也"。孙恺《唐韵》，"古旷反"。《乐记》，"钟声铿铿以立号，号以立横，横以立武"。郑康成注曰，"横，充也。谓气作充满也。"《释文》曰，"横，古旷反"。《孔子闲居》篇，"夫民之父母乎，必达于礼乐之原，以致五至而行三无，以横于天下"。郑注曰，"横，充也"。疏家不知其义出《尔雅》。
>
> 《尧典》古本必有作"横被四表"者。横被，广被也。正如《记》所云，"横于天下""横于四海"，是也。横四表，格上下，对举。……横转写为桄，脱误为光。追原古初，当读"古旷反"，庶合霈广远之义。

这真是大胆的假设。他见郭本《尔雅》的桄字在孙本作光，又见《说文》有"桄充也"的话，又见《唐韵》读桄为古旷反，而《礼记》的横字既训为充，又读古旷反，——他看了这些事实，忽然看出他们的关系来，遂大胆下一个假设，说《尧典》的光字就是桄字，也就是横字。但是《尚书》的各本明明都作"光"字。戴震于是更大胆的提出一个很近于武断的假设，说"《尧典》古本必有作横被四表者。"这话是乾隆乙亥（一七五五）年《与王内翰凤喈书》里说的。过了两年（一七五七）钱大昕和姚鼐各替他寻着一个证据：

（证一）《后汉书·冯异传》有"横被四表，昭假上下"。

（证二）班固《西都赋》有"横被六合"。

过了七年多（1762），戴震的族弟受堂又替他寻着两个证据：

（证三）《汉书·王莽传》，"昔唐尧横被四表"。

（证四）王褒《圣主得贤臣颂》，"化溢四表，横被无穷"。

过了许多年，他的弟子洪榜又寻得一证：

（证五）《淮南·原道训》，"横四维而含阴阳"。高诱注，"横读桄车之桄"。是汉人横桄通用，甚明。

他的弟子段玉裁又寻得一证：

（证六）李善注《魏都赋》，引《东京赋》"惠风横被"。今本《东京赋》作"惠风广被"，后人妄改也。

这一个字的考据的故事，很可以表示清代学者做学问的真精神。假使这个光字的古本作横已无法证实了，难道戴震就不敢下那个假设了吗？我可以断定他仍是要提出这个假设的。如果一个假设是站在很充分的理由上面的，即使没有旁证，也不失为一个很好的假设。但他终究只是一个假设，不能成为真理。后来有了充分的旁证，这个假设便升上去变成一个真理了。

戴震自己论这个字的考据道：

> 述古之难，如此类者，遽数之不能终其物。六书废弃，经学荒谬，二千年以至今。……仆情僻识狭，以谓信古而愚，愈于不知而作。但宜推求，勿为株守。例以光之一字，疑古者在兹，信古者亦在兹。

"但宜推求，勿为株守"八个字是清学的真精神。

【附记】此篇第一至第六章是民国八年八月作的；第七章是九年春间作的；第八章是十年十一月作的。相隔日久，中间定有不贯串之处。将来有暇时，当细细修正。

原载一九一九年十一月、一九二〇年九月、一九二一年四月《北京大学月刊》第五、七、九期。原题《清代汉学家的科学方法》，收入《胡适文存》时作者作了修改

# 一个最低限度的国学书目

## 序　言

这个书目是我答应清华学校胡君敦元等四个人拟的。他们都是将要往外国留学的少年。很想在短时期中得着国故学的常识。所以我拟这个书目的时候，并不为国学有根柢的人设想，只为普通青年人想得一点系统的国学知识的人设想。这是我要声明的第一点。

这虽是一个节目，却也是一个法门。这个法门可以叫做"历史的国学研究法"。这四五年来，我不知收到多少青年朋友询问"治国学有何门径"的信。我起初也学着老前辈们的派头，劝人从"小学"入手，劝人先通音韵训诂。我近来忏悔了！那种话是为专家说的，不是为初学人说的；是学者装门面的话，不是教育家引人入胜的法子。音韵训诂之学自身还不曾整理出个头绪系统来，如何可作初学人的入手工夫？十几年的经验使我不能不承认音韵训诂之学只可以作"学者"的工具，而不是"初学"的门径。老实说来，国学在今日还没有门径可说；那些国学有成绩的人大都是下死工夫笨干出来的。死工夫固是重要，但究竟不是初学的门径。对初学人说法，须先引起他的真兴趣，他然后肯下死工夫。在这个没有门径的时候，我曾想出一个下手方法来：就是用历史的线索做我们的天然系统，用这个天然继续演进的顺序做我们治国学的历程。这个书目便是依着这个观念做的。这个书目的顺序便是下手的法门。这是我要声明的第二点。

这个书目不单是为私人用的，还可以供一切中小学校图书馆及地方公共图书馆之用。所以每部书之下，如有最易得的版本，皆为注出。

# （一）工具之部

《书目举要》（周贞亮，李之鼎）南城宜秋馆本。这是书目的书目。

《书目答问》（张之洞）刻本甚多，近上海朝记书庄有石印"增辑本"，最易得。

《四库全书总目提要》附存目录，广东图书馆刻本，又点石斋石印本最方便。

《汇刻书目》（顾修）顾氏原本已不适用，当用朱氏增订本，或上海北京书店翻印本，北京有益堂翻本最廉。

《续汇刻书目》（罗振玉）双鱼堂刻本。

《史姓韵编》（汪辉祖）刻本稍贵，石印本有两种。此为《二十四史》的人名索引，最不可少。

《中国人名大辞典》（商务印书馆）

《历代名人年谱》（吴荣光）北京晋华书局新印本。

《世界大事年表》（傅运森）商务印书馆。

《历代地理韵编》，《清代舆地韵编》（李兆洛）广东图书馆本，又坊刻《李氏五种》本。

《历代纪元编》（六承如） 《李氏五种》本。

《经籍纂诂》（阮元等） 点石斋石印本可用。读古书者,于寻常字典外,应备此书。

《经传释词》（王引之） 通行本。

《佛学大辞典》（丁福保等译编） 上海医学书局。

# （二）思想史之部

《中国哲学史大纲》上卷（胡适） 商务印书馆。

二十二子:《老子》《庄子》《管子》《列子》《墨子》《荀子》《尸子》《孙子》《孔子集语》《晏子春秋》《吕氏春秋》《贾谊新书》《春秋繁露》《扬子法言》《文子缵义》《黄帝内经》《竹书纪年》《商君书》《韩非子》《淮南子》《文中子》《山海经》,浙江公立图书馆（即浙江书局）刻本。上海有铅印本亦尚可用。汇刻子书,以此部为最佳。

四书（《论语》,《大学》,《中庸》,《孟子》）最好先看白文,或用朱熹集注本。

《墨子间诂》（孙诒让） 原刻本,商务印书馆影印本。

《庄子集释》（郭庆藩） 原刻本,石印本。

《荀子集注》（王先谦） 原刻本,石印本。

《淮南鸿烈集解》（刘文典） 商务印书馆出版。

《春秋繁露义证》（苏舆） 原刻本。

《周礼》 通行本。

《论衡》（王充） 通津草堂本（商务印书馆影印）;湖北崇文书局本。

《抱朴子》（葛洪） 《平津馆丛书》本最佳,亦有单行的;湖北崇文

大家
讲读

书局本。

《四十二章经》 金陵刻经处本。以下略举佛教书。

《佛遗教经》 同上。

《异部宗轮论述记》（窥基） 江西刻经处本。

《大方广佛华严经》（东晋译本） 金陵刻经处。

《妙法莲华经》（鸠摩罗什译） 同上。

《般若纲要》（葛鼎彗） 《大般若经》太繁，看此书很够了。扬州藏经院本。

《般若波罗密多心经》（玄奘译）

《金刚般若波罗密经》（鸠摩罗什译，菩提流支译，真谛译） 以上两书，流通本最多。

《阿弥陀经》（鸠摩罗什译） 此书译本与版本皆极多，金陵刻经处有《阿弥陀经要解》（智旭）最便。

《大方广圆觉了义经》（即《圆觉经》）（佛陀多罗译） 金陵刻经处白文本最好。

《十二门论》（鸠摩罗什译） 金陵刻经处本。

《中论》（同上） 扬州藏经院本。

以上两种，为三论宗"三论"之二。

《三论玄义》（隋吉藏撰） 金陵刻经处本。

《大乘起信论》（伪书） 此虽是伪书，然影响甚大。版本甚多，金陵刻经处有沙门真界纂注本颇便用。

《大乘起信论考证》（梁启超） 此书介绍日本学者考订佛书真伪的方法，甚有益。商务印书馆将出版。

《小止观》（一名《童蒙止观》，智颛撰） 天台宗之书不易读，此书最便初学。金陵刻经处本。

《相宗八要直解》（智旭直解）　金陵刻经处本。

《因明入正理论疏》（窥基疏）　金陵刻经处本。

《大慈恩寺三藏法师传》（慧立撰）　玄奘为中国佛教史上第一伟大人物，此传为中国传记文学之大名著。常州天宁寺本。

《华严原人论》（宗密撰）　有正书局有合解本，价最廉。

《坛经》（法海录）　流通本甚多。

《古尊宿语录》　此为禅宗极重要之书，坊间现尚无单行刻本。《大藏经》缩刷本腾字四至六。

《宏明集》（梁僧祐集）　此书可考见佛教在晋宋齐梁士大夫间的情形。金陵刻经处本。

《韩昌黎集》（韩愈）　坊间流通本甚多。

《李文公集》（李翱）　《三唐人集》本。

《柳河东集》（柳宗元）　通行本。

《宋元学案》（黄宗羲，全祖望等）　冯云濠刻本，何绍基刻本，光绪五年长沙重刊本。坊间石印本不佳。

《明儒学案》（黄宗羲）　莫晋刻本最佳。坊间通行有江西本，不佳。

以上两书，保存原料不少，为宋明哲学最重要又最方便之书。此下所列，乃是补充这两书之缺陷，或是提出几部不可不备的专家集子。

《直讲李先生集》（李觏）　商务印书馆印本。

《王临川集》（王安石）　通行本。商务印书馆影印本。

《二程全书》（程颢、程颐）　六安涂氏刻本。

《朱子全书》（朱熹）　六安涂氏刻本；商务印书馆影印本。

《朱子年谱》（王懋竑）　广东图书馆本，湖北书局本。此书为研究朱子最不可少之书。

《陆象山全集》（陆九渊）上海江左书林铅印本很可用。

《陈龙川全集》（陈亮） 通行本。

《叶水心全集》（叶适） 通行本。

《王文成公全书》（王守仁） 浙江图书馆本。

《困知记》（罗钦顺） 嘉庆四年翻明刻本。正谊堂本。

《王心斋先生全集》（王艮） 近年东台袁氏编订排印本最好，上海国学保存会寄售。

《罗文恭公全集》（罗洪先） 雍正间刻本，《四库全书》本与此本同。

《胡子衡齐》（胡直） 此书为明代哲学中一部最有条理又最有精采之书。《豫章丛书》本。

《高子遗书》（高攀龙） 无锡刻本。

《学蔀通辨》（陈建） 正谊堂本。

《正谊堂全书》（张伯行编） 这部丛书搜集程朱一系的书最多，欲研究"正统派"的哲学的，应备一部，全书六百七十余卷，价约三十元。初刻本已不可得，现行者为同治间初刻本。

《清代学术概论》（梁启超） 商务印书馆。

《日知录》（顾炎武） 用黄汝成《集释》本。通行本。

《明夷待访录》（黄宗羲） 单行本。扫叶山房《梨洲遗著汇刊》本。

《张子正蒙注》（王夫之） 《船山遗书》本。

《思问录内外篇》（王夫之） 同上。

《俟解》一卷，《噩梦》一卷（王夫之） 同上。

《颜李遗书》（颜元，李塨） 《畿辅丛书》本可用。北京四存学会增补全书本。

《费氏遗书》（费密） 成都唐氏刻本。（北京大学出版部寄售）

《孟子字义疏证》（戴震）《戴氏遗书》本。国学保存会有铅印本，但已卖缺了。

《章氏遗书》（章学诚）浙江图书馆排印本，上海刘翰怡新刻全书本。

《章实斋年谱》（胡适）商务印书馆出版。

《崔东壁遗书》（崔述）道光四年陈履和刻本；《畿辅丛书》本只有《考信录》，亦可够用了。全书现由亚东图书馆重印，不久可出版。

《汉学商兑》（方东树）此书无甚价值，但可考见当日汉宋学之争。单行本，朱氏《槐庐丛书》本。

《汉学师承记》（江藩）通行本，附《宋学师承记》。

《新学伪经考》（康有为）光绪辛卯初印本；新刻本只增一序。

《史记探原》（崔适）初刻本；北京大学出版部排印本。

《章氏丛书》（章炳麟）康宝忠等排印本；浙江图书馆刻本。

# （三）文学史之部

《诗经集传》（朱熹）通行本。

《诗经通论》（姚际恒）闻商务印书馆将重印。

《诗本谊》（龚橙）浙江图书馆《半厂丛书》本。

《诗经原始》（方玉润）闻商务印书馆不久将有重印本。

《诗毛氏传疏》（陈奂）《清经解续编》卷七百七十八以下。

《檀弓》《礼记》第二篇。

《春秋左氏传》通行本。

《战国策》商务印书馆有铅印补注本。

《楚辞集注》，附《辨证后语》（朱熹）通行本；扫叶山房有石印本。

《全上古三代秦汉三国六朝文》（严可均编） 广雅书局本。此书搜集最富，远胜于张溥的《汉魏六朝百三家集》。

《全汉三国晋南北朝诗》（丁福保编） 上海医学书局出版。

《古文苑》（章樵注） 江苏书局本。

《续古文苑》（孙星衍编） 江苏书局本。

《文选》（萧统编） 上海会文堂有石印胡刻李善注本最方便。

《文心雕龙》（刘勰） 原刻本；通行本。

《乐府诗集》（郭茂倩编） 湖北书局刻本。

《唐文粹》（姚铉编） 江苏书局本。

《唐文粹补遗》（郭麐编） 同上。

《全唐诗》（康熙朝编） 扬州原刻本，广州本，石印本，五代词亦在此中。

《宋文鉴》（吕祖谦编） 江苏书局本。

《南宋文范》（庄仲方编） 同上。

《南宋文录》（董兆熊编） 同上。

《宋诗抄》（吕留良、吴之振等编） 商务印书馆本。

《宋诗抄补》（管庭芬等编） 商务印书馆本。

《宋六十家词》（毛晋编） 汲古阁本，广州刊本，上海博古斋石印本。

《四印斋王氏所刻宋元人词》（王鹏运编刻） 原刻本，板存北京南阳山房。

《疆邨所刻词》（朱祖谋编刻） 原刻本。王朱两位刻的词集都很精，这是近人对于文学史料上的大贡献。

《太平乐府》（杨朝英编） 《四部丛刊》本。

《阳春白雪》（杨朝英编） 南陵徐氏《随庵丛书》本。

以上两种为金元人曲子的选本。

《董解元弦索西厢》（董解元） 刘世衍《暖红室汇刻传奇》本。

《元曲选一百种》（臧晋叔编） 商务印书馆有影印本。

《金文最》（张金吾编） 江苏书局本。

《元文类》（苏天爵编） 同上。

《宋元戏曲史》（王国维） 商务印书馆本。

《京本通俗小说》 这是七种南宋的话本小说，上海蟫隐庐《烟画东堂小品》本。

《宣和遗事》 《士礼居丛书》本；商务印书馆有排印本。

《五代史平话》残本 董康刻本。

《明文在》（薛熙编） 江苏书局本。

《列朝诗集》（钱谦益编） 国学保存会排印本。

《明诗综》（朱彝尊编） 原刻本。

《六十种曲》（毛晋编刻） 汲古阁本。此书善本已不易得。

《盛明杂剧》（沈泰编） 董康刻本。

《暖红室汇刻传奇》（刘世珩编刻） 原刻本。

《笠翁十二种曲》（李渔） 原刻巾箱本。

《九种曲》（蒋士铨） 原刻本。

《桃花扇》（孔尚任） 通行本。

《长生殿》（洪昇） 通行本。

清代戏曲多不胜举；故举李蒋两集，孔洪两种历史戏，作几个例而已。

《曲苑》 上海古书流通处编印本。此书汇集关于戏曲的书十四种，中如焦循《剧说》，如梁辰鱼《江东白苎》，皆不易得。石印本价亦廉，故

◎ 胡适《尝试集》第二编第二版稿本

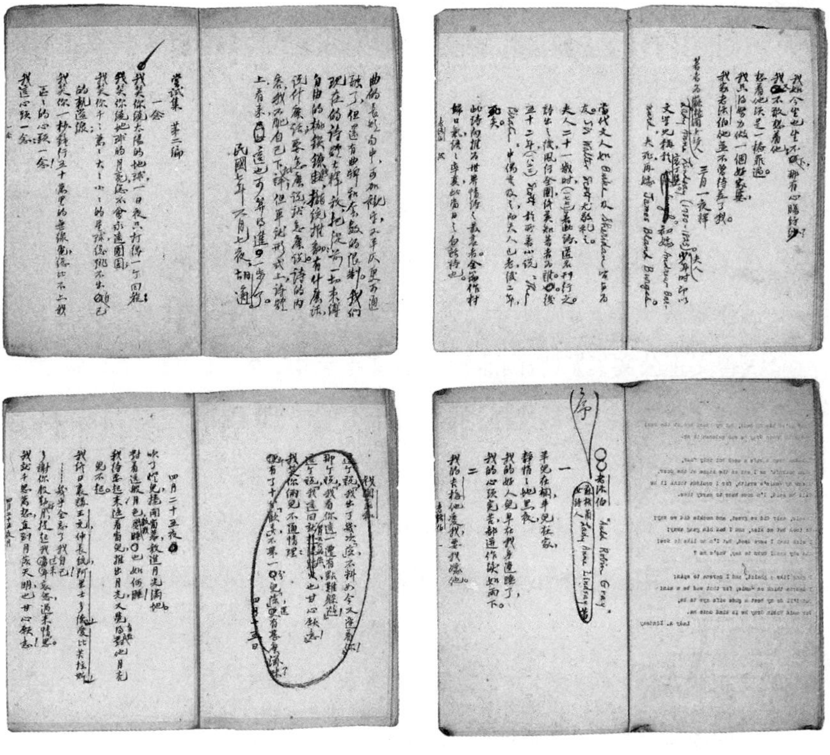

存之。

《缀白裘》 这是一部传奇选本，虽多是零篇，但明末清初的戏曲名著都有代表的部分存在此中。在戏曲总集中，这也是一部重要书了。通行本。

《曲录》（王国维） 《晨风阁丛书》本。

《湖海文传》（王昶编） 所选都是清朝极盛时代的文章，最可代表清朝"学者的文人"的文学。原刻本。

《湖海诗传》（王昶编） 原刻本。

《鲒埼亭集》（全祖望） 借树山房本。

《惜抱轩文集》（姚鼐） 通行本。

《大云山房文稿》（恽敬） 四川刻本，南昌刻本。

《文史通义》（章学诚） 贵阳刻本，浙江局本，铅印本。

《龚定盦全集》（龚自珍） 万本书堂刻本。国学扶轮社本。

《曾文正公文集》（曾国藩） 《曾文正全集》本。

清代古文专集，不易选择；我经过很久的考虑，选出全，姚，恽，章，龚，曾六家来作例。

《吴梅村诗》（吴伟业）《梅村家藏稿》 （董康刻本，商务印书馆影印本）本，无注；此外有靳荣藩《吴诗集览》本，有吴翌凤《梅村诗集笺注》本。

《瓯北诗钞》（赵翼） 《瓯北全集》本，单行本。

《两当轩诗钞》（黄景仁） 光绪二年重刻本。

《巢经巢诗钞》（郑珍） 贵州刻本；北京有翻刻本，颇有误字。

《秋蟪吟馆诗钞》（金和） 铅印全本；家刻本略有删减。

《人境庐诗钞》（黄遵宪） 日本铅印本。

清代诗也很难选择。我选梅村代表初期，瓯北与仲则代表乾隆一期; 郑子尹与金亚匏代表道咸同三期; 黄公度代表末年的过渡时期。

明清两朝小说:

《水浒传》 亚东图书馆三版本。

《西游记》(吴承恩) 亚东图书馆再版本。

《三国志》 亚东图书馆本。

《儒林外史》(吴敬梓) 亚东图书馆四版本。

《红楼梦》(曹霑) 亚东图书馆三版本。

《水浒后传》(陈忱,自署古宋遗民) 此书借宋徽钦二帝事来写明末遗民的感慨,是一部极有意义的小说。亚东图书馆《水浒续集》本。

《镜花缘》(李汝珍) 此书虽有"掉书袋"的毛病,但全篇为女子争平等的待遇,确是一部很难得的书。亚东图书馆本。

以上各种,均有胡适的考证或序,搜集了文学史的材料不少。

《今古奇观》,通行本。可代表明代的短篇。

《三侠五义》 此书后经俞樾修改,改名《七侠五义》。此书可代表北方的义侠小说。旧刻本,《七侠五义》流通本较多。亚东图书馆不久将有重印本。

《儿女英雄传》(文康) 蜚英馆石印本最佳; 流通本甚多。

《九命奇冤》(吴沃尧) 广智书局铅印本。

《恨海》(吴沃尧) 通行本甚多。

《老残游记》(刘鹗) 商务印书馆铅印本。

以上略举十三种,代表四五百年的小说。

《五十年来的中国文学》(胡适)本书卷二。

(跋)文学史一部,注重总集; 无总集的时代,或总集不能包括的文人,始举别集。因为文集太多,不易收买,尤不易遍览,故为初学人及小图书馆计,皆宜先从总集下手。

# 附录一 《清华周刊》记者来书

适之先生:

在《努力周刊》的增刊、《读书杂志》第七期上,我们看见先生为清华同学们拟的一个最低限度的国学书目。我们看完以后,心中便起了若干问题,现在愿说给先生听听,请先生赐教。

第一,我们以为先生这次所说的国学范围太窄了。先生在文中并未下国学的定义,但由先生所拟的书目推测起来,似乎只指中国思想史及文学史而言。思想史与文学史便是代表国学么?先生在《国学季刊》的发刊的宣言里,拟了一个中国文化史的系统,其中包括(一)民族史,(二)语言文字史,(三)经济史,(四)政治史,(五)国际交通史,(六)思想学术史,(七)宗教史,(八)文艺史,(九)风俗史,(十)制度史。中国文化史的研究,便是国学研究,这是先生在该宣言里指示我们的。既然如此,为什么先生不在国学书目文学史之部以后,加民族史之部,语言文学史之部,经济史之部……呢?

第二,我们一方面嫌先生所拟的书目范围不广;一方面又以为先生所谈的方面——思想史与文学史——谈得太深了,不合于“最低限度”四字,我们以为定清华学生的国学最低限度,应该顾到两种事实:第一是我们的时间,第二是我们的地位。我们清华学生,从中等科一年起,到大学一年止,求学的时间共八年。八年之内一个普通学生,于他必读的西文课程之外,如肯切实的去研究国学,可以达到一个什么程度,这是第一件应该考虑的。第二,清华学生都有留美的可能。教育家对于一般留学生,要求一个什么样的国学程度,这是第二件应该考虑的。先生现在所拟的书目,我们是无论如何读不完的,因为书目太多,时间太少。而且做留学生的,如没有读过《大方广圆觉了义经》或《元曲选一百种》,当代的教育家，不见得会非难他们，以为未满足国学最低的限度。

因此，我们希望先生替我们另外拟一个书目，一个实在最低的国学书目。那个书目中的书，无论学机械工程的，学应用化学的，学哲学文学的，学政治经济的，都应该念，都应该知道。我们希望读过那书目中所列的书籍以后，对于中国文化，能粗知大略。至于先生在《读书杂志》第七期所列的书目，似乎是为有志专攻哲学或文学的人作参考之用的，我们希望先生将来能继续发表民族史之部，制度史之部等的书目，让有志于该种学科的青年，有一个深造的途径。

敬祝先生康健。

《清华周刊》记者。十二年三月十一日

## 附录二 答书

记者先生：

关于第一点，我要说，我暂认思想与文学两部为国学最低限度；其余民族史经济史等等，此时更无从下手，连这样一个门径书目都无法可拟。

第二，关于程度方面和时间方面，我也曾想过，这个书目动机虽是为清华的同学，但我动手之后就不知不觉的放高了，放宽了。我的意思是要用这书目的人，从这书目里自己去选择；有力的，多买些；有时间的，多读些；否则先买二三十部力所能及的，也不妨；以后还可以自己随时添备。若我此时先定一个最狭义的最低限度，那就太没有伸缩的余地了。先生以为是吗？

先生说："做留学生的，如有没读过《圆觉经》或《元曲选》，当代教育家不见得非难他们。"这一层，倒有讨论的余地。正因为当代教育家不非难留学生的国学程度，所以留学生也太自菲薄，不肯多读点国学书，所以他们在国外既不能代表中国，回国后也没有多大影响。我们这个书目的意思，一部分也正是要一班留学生或候补留学生知道《元曲选》等是应该知道的书。

如果先生们执意要我再拟一个"实在的最低限度的书目"，我只好在原书目上加上一些圈；那些有圈的，真是不可少的了。此外还应加上一部《九种纪事本末》（铅印本）。

以下是加圈的书：

《书目答问》《法华经》《左传》《中国人名大辞典》《阿弥陀经》《文选》《九种纪事本末》《坛经》《乐府诗集》《中国哲学史大纲》《宋元学案》《全唐诗》《老子》《明儒学案》《宋诗钞》《四书》《王临川集》《宋六十家词》《墨子间诂》《朱子年谱》《元曲选一百种》《荀子集注》《王文成公全书》《宋元戏曲史》《韩非子》《清代学术概论》《缀白裘》《淮南鸿烈集解》《章实斋年谱》《水浒传》《周礼》《崔东壁遗书》《西游记》《论衡》《新学伪经考》《儒林外史》《佛遗教经》《诗集传》《红楼梦》

选自《胡适文存二集》卷一
（上海亚东图书馆一九二四年十一月初版）

# 评新诗集

## 一、康白情的《草儿》

在这几年出版的许多新诗集之中,《草儿》不能不算是一部最重要的创作了。白情在他的诗里曾有两处宣告他的创作的精神。他说:

凡经我做过的都是对的。(页二五四)

他又说:

我要做就是对的;
凡经我做过的都是对的。
随做我底对的;
随丢我底对的。(页二四三)

我们读他的诗,也应该用这种眼光。"随做我底对的"是自由,"随丢我底对的"是进步。白情这四年的新诗界,创造最多,影响最大;然而在他只是要做诗,并不是有意创体。我们在当日是有意谋诗体的解放,有志解放自己和别人。白情只是要"自由吐出心里的东西";他无意于创造而创造了,无心于解放然而他解放的成绩最大。

白情受旧诗的影响不多,故中毒也不深。他的旧诗如"贰臣犹根蒂,四海未桑麻"(一九一六年);如"多君相得乘龙婿,愧我诗成嚼蜡姬"(一九一七年),都是很不高明的。他的才性是不能受这种旧诗体的束缚的,故他在一九一九年一月作的《除夕》诗,(页三〇一——四)便有"去,去,出门去!围炉直干么?乘兴访朴园,踏雪沿北河"的古怪组合。"干么"底下紧接两句极牵强的骈句,便是歧路的情境了。笨的人在这个歧路上仍旧努力去做他的骈句,但是白情跳上了自由的路,以后便是《草儿》(一九一九年二月一日)的时代了。

自《草儿》(页一)到《雪夜过泰安》(页四八),是一九一九年的诗。这一组里固然也有好诗,如《窗外》《送客黄浦》《日观峰》《疑问》;但我们总觉得这还是一个尝试的时代,工具还不能运用自如,不免带点矜持的意味。如《暮登泰山西望》:

谁遮这落日?

莫是昆仑山的云么?

破哟!破哟!

莫斯科的晓破了,

莫要遮了我要看的莫斯科哟!

（上）◎ 康白情著《草儿》

（下）◎ 胡适著《尝试集》

又如：

　　你（黄河）从昆仑山的沟里来么？

　　昆仑山里的红叶，

　　想已饱带着一身秋了。


这都不很自然。至于《桑园道》中的：

　　山哪，岚哪，

　　云哪，霞哪，

　　半山上的烟哪，

　　装成了美丽簇新的锦绣一片。


现在竟成了新诗的滥调了！

自《朝气》（页四九）至《别少年中国》（页二八六），共二百四十页诗，都是一九二〇年的作品。这一年的成绩确是很可惊的。当时我在《学灯》上见着白情的《江南》，就觉得白情的诗大进步了。《江南》的长处在于颜色的表现，在于自由的实写外界的景色。我们引他的第三段：

　　柳桩上拴着两条大水牛，

　　茅屋都铺得不现草色了。

　　一个很轻巧的老姑娘，

　　端着一个撮箕，

蒙着一张花帕子。

背后十来只小鹅，

都张着些红嘴，

跟着她，叫着。

颜色还染得鲜艳，

只是雪不大了。


这种诗近来也成为风气了。但这种诗假定两个条件：第一须有敏捷而真确的观察力；第二须有聪明的选择力。没有观察力，便要闹笑话；没有选择力，只是堆砌而不美，白情最长于这一类的诗，《草儿》里此类很多，我们不多举例了。

平心而论，这一类的写景诗，我们虽承认他的价值，也不能不指出他的流弊。这一类的诗最容易陷入"记账式的列举"。"云哪，山哪，岚哪"，固然可厌："东边一个什么，西边一个什么，前面一个什么"，也很可厌。南宋人的写景绝句，所以不讨人厌，全靠他们的选择力高，能挑出那最精彩的印象。画家的风景画，所以比风景照片更有意味，也是因为画家曾有过一番精彩的剪裁，近日许多写景诗，所以好的甚少，也是因为不懂得文学的经济，不能去取选择。

白情的《草儿》在中国文学史的最大贡献，在于他的纪游诗。中国旧诗最不适宜做纪游诗，故纪游诗好的甚少。白情这部诗集里，纪游诗占去差不多十分之七八的篇幅，这是用新诗体来纪游的第一次大试验，这个试验可算是大成功了。我们选他的《日光纪游》第六首：


马返以上没有电车了，

我们只得走去。

好雨! 好雨!

草鞋套在靴子上;

油纸背在背上;

颗颗的雨直淋在草帽上。

哈……哈……哈……哈……

好雨! 好雨!


哈……哈……哈……哈……

哈……哈……哈……哈……

一路赤脚的女子笑着过来了。

油纸背在背上;

"下驮"提在左手上;

洋伞撑在右手上;

颗颗的雨直淋在绣花的红裙上,

他们看了我们越是忍不住笑了。

我们看了他们也更得了笑的材料了。

哈……哈……哈……哈……

哈……哈……哈……哈……

好雨! 好雨!


过幸桥,

过深泽桥,

我们直溯大谷川底源头沿上去。

我们不溜在河里也就是本事了!

哈……哈……哈……哈……

好雨! 好雨!

这种诗真是好诗。"看来毫不用心,而自具一种有以异乎人的美": 这是白情评我的诗的话,他说这是美国风。我不敢当这句评语,只好拿来还敬他这首诗,并且要他知道这不是美国风,只是诗人的理想境界。

占《草儿》八十四页的《庐山纪游》三十七首,自然是中国诗史上一件很伟大的作物了。这三十七首诗须是一气读下去,读完了再分开来看,方才可以看出它们的层次条理。这里面有行程的纪述,有景色的描写,有长篇的谈话;但全篇只是一大篇《庐山纪游》。自十六至二十三,纪五老峰的探险,写的最有精彩,使我们不曾到过庐山的人心里怦怦的想去做那种有趣味的事。白情在第二首里说:

山阿里流泉打得钦里孔隆地响,

引得我要洗澡底心好动,

我就去洗澡。

石塘上三四家荷兰式的茅店,

风吹得凉悠悠地,

引得我要歇憩底心好动,

我就去歇憩。

这就是"我要做就是对的"。这是白情等一班少年人游庐山时的精

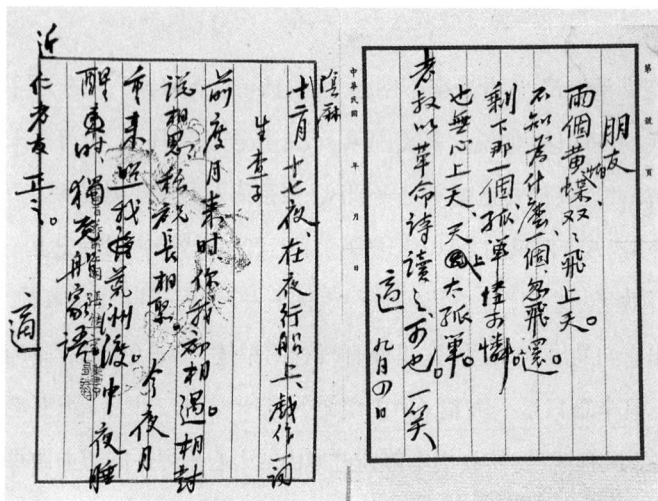

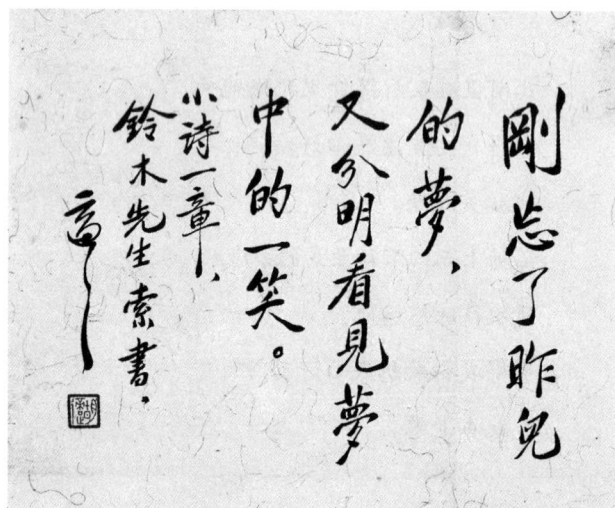

神。我们祝福他们在诗国里永远保持这种精神。

白情的诗,在技术上,确能做到"漂亮"的境界。他自己说:

总之,新诗里音节底整理,总以读来爽口听来爽耳为标准。(页三五四)

这一层,初看来似是很浅近,很容易,所以竟有许多诗人"鄙漂亮而不为"!但是,我们很诚恳的盼望这些诗人们肯降格来试试这个"读来爽口、听来爽耳"的最低限度的标准。

# 二、俞平伯的《冬夜》

平伯这部诗集,分成四辑。他自己说:"第一辑里的大都是些幼稚的作品;第二辑里的作风似太烦琐而枯燥了,且不免有些晦涩之处;第三辑的前半尚存二辑的作风,后半似乎稍变化一点;四辑……有几首诗,如《打铁》《挽歌》《一勺水啊》《最后的洪炉》,有平民的风格。"

平伯主张"努力创造民众化的诗"。假如我们拿这个标准来读他的诗,那就不能不说他大失败了。因为他的诗是最不能"民众化"的。我们试看他自己认为有平民风格的几首诗,差不多没有一首容易懂得的。如《打铁》篇中的:

刀口碰在锄耙上,
刀口短了锄耙长。

这已不好懂了。《挽歌》第四首是：

> 山坳里有坟堆，
>
> 坟堆里有骨头。
>
> 骏骨可招千里驹；
>
> 枯骨头，华表巍巍没字碑，
>
> 招甚么？招个呸！

这决不是"民众化"的诗。《一勺水啊》是一首好诗，但也不是"民众化"的诗：

> 好花开在污泥里，我酌了一勺水来洗他。
>
> 半路上我渴极了。
>
> 竟把这一勺水喝了。
>
> ⋯⋯
>
> 请原谅罢，宽恕着罢！
>
> 可怜我只有一勺水啊！

这首诗虽不晦涩，但究竟不是民众能了解的。

所以我们读平伯的诗，不能用他自己的标准去批评他。"民众化"三个字谈何容易！十八世纪之末，英国诗人华茨活斯（Wordsworth）主张作民众化的诗；然而他的诗始终只是"学者诗人"的诗，而不是民众的诗。同时北方民间出了一个大诗人彭思（Burns），他并不提倡民众文学，然而他的诗句风行民间，念在口里，沁在心里，至今还是不朽的民众文学。民众化的文学不是"理智化"的诗人勉强做得出的。即如平伯的《可笑》一篇（页二一七），取俗歌"高山有好水，平地有好花，家家有好女，无钱莫想他"四句，译为五十行的新诗；然而他自己也不能不承认，"词句虽多至数（十）倍，而温厚蕴藉之处恐不及原作十分之一"。这不是一个明白的例证吗？

然而平伯自有他的好诗。第四辑里，如《所见》一首：

> 骡子偶然的长嘶，
>
> 鞭儿抽着，没声气了。
>
> 至于嘶叫这件事情，
>
> 鞭丝拂他不去的。（页二四〇）

又如《引诱》一首：

> 颠簸的车中，孩子先入睡了。
>
> 他小手抓着，细发拂着，
>
> 于是我底头频频回了！（页二三〇）

这种小诗，很有意味。可惜平伯偏不爱做小诗，偏要做那很长而又晦涩的诗！

有许多人嫌平伯的诗太晦涩了。朱佩弦先生作"冬夜"的序，颇替平伯辩护，他说：

> 平伯底诗果然艰深难解么？……作者底艰深，或竟由于读者

底疏忽哩?

然而新出版的《雪朝》诗集里, 平伯自己也说 "《春底一回头时》稿成后, 给佩弦看, 他对于末节以为颇不易了解"。(《雪朝》页六一) 这可见平伯诗的艰深难解, 自是事实, 并不全由于读者的疏忽了。平伯自己的解释是 "表现力薄弱"。这虽是作者的谦辞, 然而我们却也不能不承认这话有一部分的真实。平伯最长于描写, 但他偏喜欢说理; 他本可以作诗, 但他偏要想兼作哲学家; 本是极平常的道理, 他偏要进一层去说, 于是越说越糊涂了。平伯说:

　　说不尽的, 看的好;

　　看太仔细了, 想可好;

　　花正开着,

　　不如没开去想他开的意思。(页七三)

这正是我说的 "进一层去说"。这并不是缺点, 但我们知道诗的一个大原则是要能深入而浅出; 感想(impression)不嫌深, 而表现(expression)不嫌浅。平伯的毛病在于深入而深出, 所以有时变成烦冗, 有时变成艰深了。

我们可举《游皋亭山杂诗》的第四第五两首来做例。第四首题为 "初次":

　　孩儿们, 娘儿们,

　　田庄上的汉儿们;

　　红的、黑的布衫儿,

蓝的、紫的棉绸袄儿,

瞪着眼,张着嘴,

嚷着的有,默然的也有。

……

好冷啊,远啊,

不唱戏,不赛会,

没甚新鲜玩意儿;

猜不出城里客人们底来意。

他们笑着围拢来,

我们也笑着走拢来,

不相识的人们终于见面了。

……(页七七)

　　说到这里,很够了,很明白了。然而平伯还不满足,他偏要加上八九句哲学调子的话;他想拿抽象的话来说明,来"咏叹"前面的具体景物,却不知道这早已犯了诗国的第一大禁了。(看页七七)第五首为"一笑底起源",这题目便是哲学调子了!这首诗,若剥去了哲学调子的部分,便是一首绝妙的诗:

我们拿捎来的饭吃着,

我们拿痴痴的笑觑着。

吃饭有甚么招笑呢?

但自己由不得也笑了。

……

他们中间的一个——她，

忍不住了，说了话了。

“饭少罢，给你们添上一点子？”

回转头来声音低低的，

“那里像我们田庄上呢！……”

……（页七八—七九）


　　这种具体的写法，尽够了，然而平伯还不满足。他在前四句的下面，加上了九句：


　　一笑的起源，

　　在我们是说不出，

　　在他们是没有说。

　　既笑着，总有可笑的在，

　　总有使我们他们不得不笑的在。

　　笑便是笑罢了，

　　可笑便是可笑罢了，

　　怎样不可思议的一笑啊！


　　这不是画蛇添足吗？他又在“那里像我们田庄上呢”的后面，加上了十三句咏叹的哲理诗：


　　是简单吗？

　　是不可思议吗？

是不可思议的简单吗？

……

他们底虽不全是我们底，

也不是非我们底，……

他这样一解释，一咏叹，我们反更糊涂了。一首很好的白描的诗，夹在二十二句哲理的咏叹里，就不容易出头了！

所以我说：

平伯最长于描写，但他偏喜欢说理；他本可以作好诗，只因为他想兼作哲学家，所以越说越不明白，反叫他的好诗被他的哲理埋没了。

这不是讥评平伯，这是我细心读平伯的诗得来的教训。我愿国中的诗人自己要知足安分，做一个好诗人已是尽够享的幸福了；不要得陇望蜀，妄想兼差做哲学家。

# 谈谈《诗经》

这是民国十四年九月在武昌大学讲演的大意，曾经刘大杰君笔记，登在《艺林旬刊》(《晨报副刊》之一)第二十期发表；又收在艺林社《文学论集》。笔记颇有许多大错误。现在我修改了一遍，送给顾颉刚先生发表在《古史辨》里。

一九三一年九月十一日

《诗经》在中国文学上的位置，谁也知道，它是世界上最古的有价值的文学的一部，这是全世界公认的。

《诗经》有十三国的国风，只没有《楚风》。在表面上看来，湖北这个地方，在《诗经》里，似乎不能占一个位置。但近来一般学者的主张，《诗经》里面是有《楚风》的，不过没有把它叫做《楚风》，叫它做《周南》《召南》罢了。所以我们可以说：《周南》《召南》就是《诗经》里面的《楚风》。

我们说《周南》《召南》就是《楚风》，这有什么证据呢？这是有证据的。我们试看看《周南》《召南》，就可以找着许多提及江水、汉水、汝水的地方。像"汉之广矣","江之永矣","遵彼汝坟"这类的句子，想大家都是记得的。汉水、江水、汝水流域不是后来所谓"楚"的疆域吗？所以我们可以说《周南》《召南》大半是《诗经》里面的《楚风》了。

《诗经》既有《楚风》，我们在这里谈《诗经》，也就是欣赏"本地风光"。

我觉得用新的科学方法来研究古代的东西，确能得着很有趣味的效果。一字的古音，一字的古义，都应该拿正当的方法去研究的。在今日研究古书，方法最要紧；同样的方法可以收同样的效果。我今天讲《诗经》，也是贡献一点我个人研究古书的方法。在我未讲研究《诗经》的方法以前，先讲讲对于《诗经》的几个基本的概念。

（一）《诗经》不是一部经典。从前的人把这部《诗经》都看得非常神圣，说它是一部经典，我们现在要打破这个观念；假如这个观念不能打破，《诗经》简直可以不研究了。因为《诗经》并不是一部圣经，确实是一部古代歌谣的总集，可以做社会史的材料，可以做政治史的材料，可以做文化史的材料。万不可说它是一部神圣经典。

（二）孔子并没有删《诗》，"诗三百篇"本是一个成语。从前的人都说孔子删《诗》《书》，说孔子把《诗经》删去十分之九，只留下十分之一。照这样看起来，原有的诗应该是三千首。这个话是不对的。唐朝的孔颖达也说孔子的删《诗》是一件不可靠的事体。假如原有三千首诗，真的删去了二千七百首，那在《左传》及其他的古书里面所引的诗应该有许多是三百篇以外的，但是古书里面所引的诗不是三百篇以内的虽说有几首，却少得非常。大概前人说孔子删《诗》的话是不可相信的了。

（三）《诗经》不是一个时代辑成的。《诗经》里面的诗是慢慢的收集起来，成现在这么样的一本集子。最古的是《周颂》，次古的是《大雅》，再迟一点的是《小雅》，最迟的就是《商颂》《鲁颂》《国风》了。

《大雅》《小雅》里有一部分是当时的卿大夫作的，有几首并有作者的主名；《大雅》收集在前，《小雅》收集在后。《国风》是各地散传的歌谣，由古人收集起来的。这些歌谣产生的时候大概很古，但收集的时候却很晚了。我们研究《诗经》里面的文法和内容，可以说《诗经》里面包含的时期约在六七百年的上下。所以我们应该知道，《诗经》不是那一个人辑的，也不是那一个人作的。

（四）《诗经》的解释。《诗经》到了汉朝，真变成了一部经典。《诗经》里面描写的那些男女恋爱的事体，在那班道学先生看起来，似乎不大雅观，于是对于这些自然的有生命的文学不得不另加种种附会的解释。所以汉朝的齐鲁韩三家对于《诗经》都加上许多的附会，讲得非常的神秘。明是一首男女的恋歌，他们故意说是歌颂谁，讽刺谁的。《诗经》到了这个时代，简直变成了一部神圣的经典了。这种事情，中外大概都是相同的，像那本《旧约全书》的里面，也含有许多的诗歌和男女恋爱的故事，但在欧洲中古时代也曾被教会的学者加上许多迂腐穿凿的解说，使它们不违背中古神学。后起的《毛诗》对于《诗经》的解释又把从前的都推翻了，另找了一些历史上的——《左传》里面的事情——证据，来作一种新的解释。《毛诗》研究《诗经》的见解比齐鲁韩三家确实是要高明一点，所以《毛诗》渐渐打倒了三家诗，成为独霸的权威。我们现在读的还是《毛诗》。到了东汉，郑康成读《诗》的见解比毛公又要高明。所以到了唐朝，大凡研究《诗经》的人都是拿《毛传》《郑笺》做底子。到了宋朝，出了郑樵和朱子，他们研究《诗经》，又打破毛公的附会，由他们自己作解释。他们这种态度，比唐朝又不同一点，另外成了一种宋代说《诗》的风气。清朝讲学的人都是崇拜汉学，反对宋学的，他们对于考据训诂是有特别的研究，但是没有什么特殊的见解。他们以为宋学是不及汉学的，因为汉在一千七八百年以前，宋只在七八百年以前。 殊不知汉人的思想比宋人的确要迂腐的多呢! 但在那个时候研究《诗经》的人, 确实出了几个比汉宋都要高明的, 如著《诗经通论》的姚际恒, 著《读风偶识》的崔述, 著《诗经原始》的方玉润, 他们都大胆地推翻汉宋的腐旧的见解, 研究《诗经》里面的字句和内容。照这样看起来, 二千年来《诗经》的研究实是一代比一代进步的了。

《诗经》的研究, 虽说是进步的, 但是都不彻底, 大半是推翻这部, 附会那部; 推翻那部, 附会这部。我看对于《诗经》的研究想要彻底的改革, 恐怕还在我们呢! 我们应该拿起我们的新的眼光, 好的方法, 多的材料, 去大胆地细心地研究; 我相信我们研究的效果比前人又可圆满一点了。这是我们应取的态度, 也是我们应尽的责任。

上面把我对于《诗经》的概念说了一个大概, 现在要谈到《诗经》具体的研究了。研究《诗经》大约不外下面这两条路:

第一, 训诂。用小心的精密的科学的方法, 来做一种新的训诂工夫, 对于《诗经》的文字和文法上都从新下注解。

第二, 解题。大胆地推翻二千年来积下来的附会的见解; 完全用社会学的, 历史的, 文学的眼光重新给每一首诗下个解释。

所以我们研究《诗经》, 关于一句一字, 都要用小心的科学的方法去研究; 关于一首诗的用意, 要大胆地推翻前人的附会, 自己有一种新的见解。

现在让我先讲了方法, 再来讲到训诂罢。

清朝的学者最注意训诂, 如戴震、胡承珙、陈奂、马瑞辰等等, 凡他们关于《诗经》的训诂著作, 我们都应该看的。戴震有两个高足弟子, 一是金坛段玉裁, 一是高邮王念孙及其子引之, 都有很重要的著作, 可为我们参考的。如段注《说文解字》, 念孙所作《读书杂志》《广雅疏证》等; 尤其是引之所作的《经义述闻》《经传释词》, 对于《诗经》更有很深的见解，方法亦比较要算周密得多。

前人研究《诗经》都不讲文法，说来说去，终得不着一个切实而明了的解释，并且越讲越把本义搅昏昧了。清代的学者，对于文法就晓得用比较归纳的方法来研究。

如"终风且暴"，前人注是——终风，终日风也。但清代王念孙父子把"终风且暴"来比较"终温且惠"，"终窭且贫"，就可知"终"字应当作"既"字解。有了这一个方法，自然我们无论碰到何种困难地方，只要把它归纳比较起来，就一目了然了。

《诗经》中常用的"言"字是很难解的。汉人解作"我"字，自是不通的。王念孙父子知道"言"字是语词，却也说不出它的文法作用来。我也曾应用这个比较归纳的方法，把《诗经》中含有"言"字的句子抄集起来，便知"言"字究竟是如何的用法了。

我们试看：

> 彤弓弨兮，受言藏之。
>
> 驾言出游。
>
> 陟彼南山，言采其蕨。

这些例里，"言"字皆用在两个动词之间。"受而藏之"，"驾而出游"……岂不很明白清楚？（看我的《诗三百篇言字解》，十三版《胡适文存》页335—340）苏东坡有一首"日日出东门"诗，上文说"步寻东城游"，下文又说"驾言写我忧"。他错看了《诗经》"驾言出游，以写我忧"的"驾言"二字，以为"驾言"只是一种语助词。所以章子厚笑他说："前步而后驾，何其上下纷纷也！"

大家
讲读

詩經卷之一

朱熹集傳

國風一

周南一之一

詩經卷之三

朱熹集傳

鄘一之七

詩經傳序

或有間於予曰詩何爲而作也予應之曰人生而靜天之性也感於物而動性之欲也夫既有欲矣則不能無思既有思矣則不能無言既有言矣則言之所不能盡而發於咨嗟咏歎之餘者必有自然之音響節族（奏）而不能已焉此詩之所以作也曰然則其所以教者何也曰詩者人心之感物而形於言之餘也心之所感有邪正故言之所形有是非惟

八旂官學藏板

上面是把虚字当作代名词的。再有把地名当作动词的，如"胥"本来是一个地名。古人解为"胥，相也。"这也是错了。我且举几个例来证明。《大雅·笃公刘》一篇有"于胥斯原"一句，《毛传》说："胥，相也。"《郑笺》说："相此原地以居民。"但我们细看此诗共分三大段，写公刘经营的三个地方，三个地方的写法是一致的：

（1）于胥斯原。

（2）于京斯依。

（3）于豳斯馆。

我们比较这三句的文法，就可以明白，"胥"是一个地方的名称，假使有今日的标点符号，只要打一个"——"儿就明白了。《绵》篇中说太王"爰及姜女，聿来胥宇"，也是这个地方。

还有那个"于"字在《诗经》里面，更是一个很发生问题的东西。汉人也把它解错了，他们解为"于，往也。"例如《周南·桃夭》的"之子于归"，他们误解为"之子往归"。这样一解，已经太牵强了，但还勉强解得过去；若把它和别的句子比较起来解释，如《周南·葛覃》的"黄鸟于飞"解为"黄鸟往飞"，《大雅·卷阿》的"凤凰于飞"解为"凤凰往飞"，《邶风·燕燕》的"燕燕于飞"解为"燕燕往飞"，这不是不通吗？那末，究竟要怎样解释才对呢？我可以说，"于"字等于"焉"字，作"于是"解。"焉"字用在内动词的后面，作"于是"解，这是人人可懂的。但在上古文法里，这种文法是倒装的。"归焉"成了"于归"；"飞焉"成了"于飞"。"黄鸟于飞"解为"黄鸟在那儿飞"，"凤凰于飞"解为"凤凰在那儿飞"，"燕燕于飞"解为"燕燕在那儿飞"，这样一解就可通了。

我们谁都认得"以"字。但这"以"字也有问题。如《召南·采蘩》说：

于以采蘩？于沼于沚。于以用之？公侯之事。

于以采蘩？于涧之中。于以用之？公侯之宫。

这些句法明明是上一句问，下一句答。"于以"即是"在那儿？""以"字等于"何"字。（这个"以"字解为"那儿？"我的朋友杨遇夫先生有详说。）

在那儿采蘩呢？在沼在沚。又在那儿用呢？用在公侯之事。

在那儿采蘩呢？在涧之中。又在那儿用呢？用在公侯之宫。

像这样解释的时候，谁也说是通顺的了。又如《邶风·击鼓》"于以求之？于林之下"，解为"在那儿去求呢？在林之下"。所以"于以求之"的下面，只要标一个问号（？），就一目了然了。

《诗经》中的"维"字，也很费解。这个"维"字，在《诗经》里面约有二百多个。从前的人都把它解错了。我觉得这个"维"字有好几种用法。最普通的一种是应作"呵，呀"的感叹词解。老子《道德经》也说"唯之与阿，相去几何？"可见"唯"、"维"本来与"阿"相近。如《召南·鹊巢》的：

维鹊有巢，维鸠居之。维鹊有巢，维鸠方之。

若拿"呵"字来解释这一个"维"字，那就是"呵，鹊有巢！呵，鸠去住了！"此外的例，如"维此文王"即是"呵，这文王！""维此王季"即是"呵，这王季！"你们记得人家读祭文，开首总是"维，中华民国十有四年"。"维"字应顿一顿,解作"呵"字。

我希望大家对于《诗经》的文法细心地做一番精密的研究,要一字一句地把它归纳和比较起来,才能领略《诗经》里面真正的意义。清朝的学者费了不少的时间,终究得不着圆满的结果,也就是因为他们缺少文法上的知识和虚字的研究。

上面已把研究《诗经》训诂的方法约略谈过,现在要谈到《诗经》每首诗的用意如何,应怎样解释才对,便到第二条路所谓解题了。

这一部《诗经》已经被前人闹得乌烟瘴气,莫名其妙了。诗是人的性情的自然表现,心有所感,要怎样写就怎样写,所谓"诗言志"是。《诗经·国风》多是男女感情的描写,一般经学家多把这种普遍真挚的作品勉强拿来安到什么文王武王的历史上去;一部活泼泼的文学因为他们这种牵强的解释,便把它的真意完全失掉,这是很可痛惜的!譬如《郑风》二十一篇,有四分之三是爱情诗,《毛诗》却认《郑风》与男女问题有关的诗只有五六篇,如《鸡鸣》《野有蔓草》等。说来倒是我的同乡朱子高明多了,他已认《郑风》多是男女相悦淫奔的诗,但他亦多荒谬。《关雎》明明是男性思恋女性不得的诗,他却在《诗集传》里说什么"文王生有圣德,又得圣女姒氏以为之配",把这首情感真挚的诗解得僵直不成样了。

好多人说《关雎》是新婚诗,亦不对。《关雎》完全是一首求爱诗,他求之不得,便寤寐思服,辗转反侧,这是描写他的相思苦情;他用了种种勾引女子的手段,友以琴瑟,乐以钟鼓,这完全是初民时代的社会风俗,并没有什么希奇。意大利、西班牙有几个地方,至今男子在女子的窗下弹琴唱歌,取欢于女子。至今中国的苗民还保存这种风俗。

《野有死麕》的诗,也同样是男子勾引女子的诗。初民社会的女子多欢喜男子有力能打野兽,故第一章:"野有死麕,白茅包之。"写出男子打死野麕,包以献女子的情形。"有女怀春,吉士诱之。"便写出他的用意了。此种求婚献野兽的风俗，至今有许多地方的蛮族还保存着。

《嘒彼小星》一诗，好像是写妓女生活的最古记载。我们试看《老残游记》，可见黄河流域的妓女送铺盖上店陪客人的情形。再看原文：

> 嘒彼小星，三五在东。肃肃宵征，夙夜在公。实命不同。
>
> 嘒彼小星，维参与昴。肃肃宵征，抱衾与裯。实命不犹。

我们看她抱裯裯以宵征，就可知道她的职业生活了。

《芣苢》诗没有多深的意思，是一首民歌，我们读了可以想见一群女子，当着光天丽日之下，在旷野中采芣苢，一边采，一边歌。看原文：

> 采采芣苢，薄言采之。采采芣苢，薄言有之。
>
> 采采芣苢，薄言掇之。采采芣苢，薄言将之。
>
> 采采芣苢，薄言袺之。采采芣苢，薄言襭之。

《著》诗，是一个新婚女子出来的时候叫男子暂候，看看她自己装饰好了没有，显出了一种很艳丽细腻的情景。原文：

> 俟我于著乎而？充耳以素乎而？尚之以琼华乎而？
>
> 俟我于堂乎而？充耳以黄乎而？尚之以琼英乎而？

我们试曼声读这些诗，是何等情景？唐代朱庆馀上张水部有一首诗，妙有这种情致。诗云：

洞房昨夜停红烛，待晓堂前拜舅姑。

妆罢低声问夫婿，"画眉深浅入时无？"

你们想想，这两篇诗的情景是不是很相像。

总而言之，你要懂得《诗经》的文字和文法，必须要用归纳比较的方法。你要懂得三百篇中每一首的题旨，必须撇开一切《毛传》《郑笺》《朱注》等等，自己去细细涵咏原文。但你必须多备一些参考比较的材料：你必须多研究民俗学、社会学、文学、史学。你的比较材料越多，你就会觉得《诗经》越有趣味了。

选自顾颉刚编著《古史辨》第三册
（上海书店一九三一年十一月初版）

大家

# 读《楚辞》

十年六月，洪熙、思永们的读书会要我讲演，我讲的是我关于《楚辞》的意见。后来记在《日记》里，现在整理出来，作为一篇读书记。我很盼望国中研究《楚辞》的人平心考察我的意见，修正它或反证它。总期使这部久被埋没、久被"酸化"的古文学名著，能渐渐的从乌烟瘴气里钻出来，在文学界里重新占一个不依傍名教的位置。

## 一、屈原是谁？

屈原是谁？这个问题是没有人发问过的。我现在不但要问屈原是什么人，并且要问屈原这个人究竟有没有。为什么我要疑心呢，因为：

第一，《史记》本来不很可靠，而屈原、贾生列传尤其不可靠。

（子）传末有云："及孝文崩，孝武皇帝立，举贾生之孙二人至郡守，而贾嘉最好学，世其家，与余通书，至孝昭时，列为九卿。"司马迁何能知孝昭的谥法？一可疑。孝文之后为景帝，如何可说"及孝文崩、孝武皇帝立"？二可疑。

（丑）《屈原传》叙事不明。先说："王怒而疏屈平。"次说："屈平既疏，不复在位，使于齐，顾反谏怀王曰，何不杀张仪。王悔，追张仪不及。"又说："怀王欲行，屈平曰，秦虎狼之国，不可信，不如无行。"又说："顷襄王立，以其弟子兰为令尹。楚人既咎子兰以劝怀王入秦而不反也，屈平既嫉之，虽放流，眷顾楚国，系心怀王，不忘欲反。"又说："令尹子兰闻之大怒，卒使上官大夫短屈原于顷襄王，王怒而迁之。屈原至于江滨，被发行吟泽畔。……"既"疏"了，既"不复在位"了，又"使于齐"，又"谏"重大的事，一大可疑。前面并不曾说"放流"，出使于齐的人，又能谏大事的人，自然不曾被"放流"，而下面忽说"虽放流"，忽说"迁之"，二大可疑。"秦虎狼之国，不可信"二句，依《楚世家》，是昭睢谏的话。"何不杀张仪"一段，《张仪传》无此语，亦无"怀王悔，追张仪不及"等事，三大可疑。怀王拿来换张仪的地，此传说是"秦割汉中地"。

《张仪传》说是"秦欲得黔中地"，《楚世家》说是"秦分汉中之半"。究竟是汉中是黔中呢？四大可疑。前称屈平，而后半忽称屈原，五大可疑。

第二，传说的屈原，若真有其人，必不会生在秦汉以前。

（子）"屈原"明明是一个理想的忠臣，但这种忠臣在汉以前是不会发生的，因为战国时代不会有这种奇怪的君臣观念。我这个见解，虽然很空泛，但我想很可以成立。

（丑）传说的屈原是根据于一种"儒教化"的《楚辞》解释的。但我们知道这种"儒教化"的古书解是汉人的拿手戏，只有那笨陋的汉朝学究能干这件笨事！

依我看来，屈原是一种复合物，是一种"箭垛式"的人物，与黄帝、周公同类，与希腊的荷马同类。怎样叫做"箭垛式"的人物呢？古代有许多东西是一班无名的小百姓发明的，但后人感恩图报，或是为便利起见，往往把许多发明都记到一两个有名的人物的功德簿上去。最古的，都说是黄帝发明的。中古的，都说是周公发明的。怪不得周公要一饭三吐哺，一沐三握发了！那一小部分的南方文学，也就归到屈原、宋玉（宋玉也是一个假名）几个人身上去。（佛教的无数"佛说"的经也是这样的，不过印度人是有意造假的，与这些例略有不同）譬如诸葛亮借箭时用的草人，可以收到无数箭，故我叫他们做"箭垛"。

我想，屈原也许是二十五篇《楚辞》之中的一部分的作者，后来渐渐被人认作这二十五篇全部的作者。但这时候，屈原还不过是一个文学的箭垛。后来汉朝的老学究把那时代的"君臣大义"读到《楚辞》里去，就把屈原用作忠臣的代表，从此屈原就又成了一个伦理的箭垛了。

大概楚怀王入秦不返，是南方民族的一件伤心事。故当时有"楚虽三户，亡秦必楚"的歌谣。后来亡秦的义兵终起于南方，而项氏起兵时竟用楚怀王的招牌来号召人心，当时必有楚怀王的故事或神话流传民间，屈原大概也是这种故事的一部分。在那个故事里，楚怀王是正角，屈原大概是配角，——郑袖唱花旦，靳尚唱小丑，——但秦亡之后，楚怀王的神话渐渐失其作用了，渐渐消灭了，于是那个原来做配角的屈原反变成正角了。后来这一部分的故事流传久了，竟仿佛真有其事，故刘向《说苑》也载此事，而补《史记》的人也七拼八凑地把这个故事塞进《史记》去。补《史记》的人很多，最晚的有王莽时代的人，故《司马相如列传》后能引扬雄的话；《屈贾列传》当是宣帝时人补的，那时离秦亡之时已一百五十年了，这个理想的忠臣故事久已成立了。

## 二、《楚辞》是什么？

我们现在可以断定《楚辞》的前二十五篇决不是一个人作的。那

楚辭集注卷之一

離騷經第一　　朱熹集註

離騷經者屈原之所作也屈原名平與楚同姓仕於
懷王為三閭大夫三閭之職掌王族三姓曰昭屈景
屈原序其譜屬率其賢良以屬國士入則與王圖議
政事決定嫌疑出則監察諸侯應對賓客謀行職修
王甚珍之同列上官大夫及用事臣靳尚妬害其能

楚辭集注總評

又曰忠蓋語易為傷佷罷懇悲切語之家易懲偏婉轉寄諷
語易諧語偏雄陋所以風雅道稱其之家俱不可廢
又曰屈于去古未遠世事猶稀其臚列之衍奧已如是
使生於漢唐未後與時懷挺撞事更安秘耶
又曰恨不得屈子當年圖議政事應對賓客諸辭令
一併讀之當不儳射文倚相等令

聽雨齋開雕

二十五篇是:《离骚》一,《九歌》九,《天问》一,《九章》九,《远游》一,《卜居》一,《渔父》一,《招魂》一,《大招》一。

这二十五篇之中,《天问》文理不通,见解卑陋,全无文学价值,我们可断定此篇为后人杂凑起来的。《卜居》《渔父》为有主名的著作,见解与技术都可代表一个《楚辞》进步已高的时期。《招魂》用"些",《大招》用"只",皆是变体。《大招》似是模仿《招魂》的。《招魂》若是宋玉作的,《大招》决非屈原作的。《九歌》与屈原的传说绝无关系。细看内容,这九篇大概是最古之作,是当时湘江民族的宗教舞歌。剩下的,只有《离骚》《九章》与《远游》了。依我看来,《远游》是模仿《离骚》作的;《九章》也是模仿《离骚》作的。《九章》中,《怀沙》载在《史记》,《哀郢》之名见于《屈贾传论》,大概汉昭宣帝时尚无"九章"之总名。《九章》中,也许有稍古的,也许有晚出的伪作。我们若不愿完全丢弃屈原的传说,或者可以认《离骚》为屈原作的,《九章》中,至多只能有一部分是屈原作的。《远游》全是晚出的仿作。

我们可以把上述意见,按照时代的先后,列表如下:

(1)最古的南方民族文学　《九歌》

(2)稍晚——屈原?　《离骚》《九章》的一部分?

(3)屈原同时或稍后　《招魂》

(4)稍后——楚亡后　《卜居》《渔父》

(5)汉人作的　《大招》《远游》《九章》的一部分。《天问》

## 三、《楚辞》的注家

《楚辞》注家分汉、宋两大派。汉儒最迂腐,眼光最低,知识最陋,他们把一部《诗经》都罩上乌烟瘴气了。一首"关关雎鸠"明明是写相思的诗，他们偏要说是刺周康王后的，又说是美后妃之德的！所以他们把一部《楚辞》也"酸化"了。这一派自王逸直到洪兴祖，都承认那"屈原的传说"，处处把美人香草都解作忠君忧国的话，正如汉人把《诗》三百篇都解作腐儒的美刺一样！宋派自朱熹以后，颇能渐渐推翻那种头巾气的注解。朱子的《楚辞集注》虽不能抛开屈原的传说，但他于《九歌》确能别出新见解。《九歌》中，《湘夫人》《少司命》《东君》《国殇》《礼魂》各篇的注与序里皆无一字提到屈原的传说；其余四篇，虽偶然提及，但朱注确能打破旧说的大部分，已很不易得了。我们应该从朱子入手，参看各家的说法，然后比朱子更进一步，打破一切迷信的传说，创造一种新的《楚辞》解。

## 四、《楚辞》的文学价值

我们须要认明白，屈原的传说不推翻，则《楚辞》只是一部忠臣教科书，但不是文学。如《湘夫人》歌："袅袅兮秋风，洞庭波兮木叶下"，本是白描的好文学，却被旧注家加上"言君政急则众民愁而贤者伤矣"（王逸），"喻小人用事则君子弃逐"（五臣）等等荒谬的理学话，便不见它的文学趣味了。又如：

> 捐余袂兮江中，遗余褋兮醴浦，搴汀洲兮杜若，将以遗兮远者。

这四句何等美丽！注家却说：

> 屈原托与湘夫人，共邻而处，舜复迎之而去，穷困无所依，故

欲捐弃衣物,裸身而行,将适九夷也。远者谓高贤隐士也。言己虽欲之九夷绝域之外,犹求高贤之士,平洲香草以遗之,与共修道德也。(王逸)

或说:

袂裸皆事神所用,今夫人既去,君复背己,无所用也,故弃遗之。……杜若以喻诚信:远者,神及君也。(五臣)

或说:

既诒湘夫人以袂裸,又遗远者以杜若,好贤不已也。(洪兴祖)

这样说来说去,还有文学的趣味吗?故我们必须推翻屈原的传说,打破一切村学究的旧注,从《楚辞》本身上去寻出它的文学兴味来,然后《楚辞》的文学价值可以有恢复的希望。

原载一九二二年九月三日《读书杂志》第一期

# 读《管子》

## 其　一

胡适曰:《管子》非管仲所作也。前人多疑其为战国时人所伪托者,其说散见诸书。今摭拾群言,辅以臆说,作《读〈管子〉》。

《管子·小称》篇记管仲将死之言,又记桓公之死,则书非仲所自作可知。仲之死在周襄王八年(前643),而《形势解》篇称三王五伯,五伯最后死者楚庄(死于定王十六年,当前591),其去仲之死已五十年矣。《小称》篇又称毛嫱西施。西施当吴之亡犹存。吴之亡在周元王四年(前472),去仲之死,已百七十年。《七臣七主》篇称楚王好小腰,及吴王好剑。吴王盖阖庐,死于敬王二十四年(前496),去仲之死,已百五十年。好细腰者乃楚灵王,死于景王十六年(前528),去仲尼之死,亦已百余年矣。然则《管子》匪特非管仲所自作,亦非战国以前人所作也。

此说也,不独证之书中史事而信,即就书中学说言之,其证据乃益确凿不可摧陷。《立政》篇云:"寝兵之说胜则险阻不守,兼爱之说胜则士卒不战"。弭兵之说，春秋时已有所闻，至于兼爱，则墨翟以前，未之闻也。且《立政九败解》篇说兼爱之旨曰："视天下之民如其民，视□（疑脱一其字）国如吾国，如是，则无并兼攘夺之心，无覆军败将之事。"此明引《墨子》之事矣（参观《墨子》兼爱诸篇）。又可知是书之作，在《墨子》以后也（《立政》篇又攻全生之说。今按《立政九败解》说全生之道，乃大类杨朱之说。墨子之弟子有及见杨朱者，杨朱盖后于墨子云）。

书中《版法》《幼官》《轻重戊己》诸篇，皆阴阳家之言。《心术》《枢言》《九守》诸篇，论按实立名修名责实，则名家之言。其称法治曰："有法度之制者，不可巧以诈伪。有权衡之称者，不可欺以轻重。有寻丈之数者，不可差以长短。"此全袭慎子之言，而颠倒之，以欺人耳。其称以有刑至无刑，欲使法立而不用，刑设而不行，以臻不言之教，无为之治。此则纯然韩非所谓"道"也。盖周末学术至于韩非之时，而调和之势已成。韩非者，韩人，承申不害之余绪，又为儒家荀卿之弟子，而兼治老子、慎子之学，于是合儒、老、名、法而成一调和之道家。其时治此调和之学者，当不止韩非一人。著《管子》者，疑即其中一人（或数人），盖与韩非同时，或先后之。观本书篇目次第及行文体势，皆最近《吕览》《韩非子》，可知也。其书托于管仲，而其言则纯然道家之旨，故其书在《汉书·艺文志》列于道家。然其所谓"道"，固不同老子之所谓"道"，乃韩非之徒之所谓"道"，而亦司马谈之所谓"道"也。谈之言曰："道家使人精神专一，动合无形，瞻足万物。其为术也，因阴阳之大顺，采儒法之善，撮名法之要，与时推移，应物变化，立俗施事，无所不宜。"此《管子》之所以得列于道家欤！

# 其　二

顷见梁任公先生所著《管子》（《中国六大政治家》之第一编）中有

一节云:

《管子》一书，后儒多谓战国时人依托之言，非管仲自作。虽然，《牧民》《山高》《乘马》《轻重》《九府》，则史公固称焉! 谓其著书世多有之，是固未尝以为伪（《管子》书中有记管子卒后事者，且有《管子解》若干篇，其非尽出管子手撰，无可疑者。度其中十之六七为原文，十之三四为后人增益，此则《墨子》亦然，不独《管子》矣）。且即非自作，而自彼卒后齐国遵其政者数百年，然则虽当时稷下诸生所讨论、所记载，其亦必衍管子绪余已耳! （第4页）

胡适曰: 梁先生盖持两说: 一据《史记》之言，以证《管子》之非全出于后人之依托; 一则假令《管子》非仲自作，亦必齐人衍管子绪余者所为。梁先生博学多识，素所钦仰。然此两说，则殊非下走所敢苟同。谨贡所疑，以质诸明达。

第一，鄙意《史记》之言，殊不可据为定论。即如《史记·庄周列传》，谓庄子作《渔父》《盗跖》《胠箧》。今此三篇之中，其《渔父》《盗跖》则自宋以来，久为注庄者所屏弃。《胠箧》一篇，文特畅健，后人多不敢斥为伪托; 然篇中言田成子"十二世有齐国"。自田成子至王建凡十二世，而齐亡于秦（据《史记》则自田成子至王建仅得十世耳。今据纪年正之）。然则《胠箧》之篇，盖秦汉间人，掇拾老子唾余而作，无可疑也。今若以太史公尝见《管子》《牧民》诸篇，又谓其著书世多有之，而遂谓《管子》真为仲所自作，则太史公尝称庄周之《渔父》《盗跖》《胠箧》矣，岂可遽谓此三篇果庄子所作耶?

史公之时，去战国已远，藏书未尽出世，其已献之书，亦真伪互见。当时人士无历史观，不知别假于真，则囫囵受之，概谓之古书而已。太史公父子又非诸子学专家，子长之论述先秦学术，尤多肤浅之见。以墨家造诣之深，影响之大，而《史记》之传墨子仅寥寥二十四字而已，则其疏漏可知

◎ 《管子》

（鄙意太史公父子皆未见《墨子》之书，司马谈所称墨学，盖得之韩非耳食而已）。故《史记》之于先秦诸子，其所称引，间有文学之兴趣，而未足为考古者之根据也。

第二，至于以《管子》为齐稷下诸生衍管子绪余之作，则不独无所征信，亦悖于历史进化之迹已。盖学术思想之进化，自有一定不易之阶级可寻，决无躐等之理。春秋战国时人，虽多称道管子霸业者，然绝无称述其学识者。则管子初不以学说著述称于世，而今所传《管子》之非春秋战国时人所尝见，可知也。《管子》书中之法治主义，乃周末数百年时势所造，思潮所趋，而决非五霸时所能发生者也。此数百年间之政治学说，由老子之无为主义，一变而为孔子之正名主义，再变而为墨子之尚同主义，三变乃入刑名主义与势治主义、礼治主义三家鼎峙之时代。其后墨学日衰，逮夫战国末年，仅儒、道两家，中分中国。儒家言礼治。礼治者，周旋于人治、法治之间，故其言曰"徒善不足以为政，徒法不能以自行"。道家则专言法治。法治者，无为主义之少子也。其说兼采刑名及势治两说之长，而其最后之期望，意中之郅治，乃在不言之教，无为之治。王荆公曰："无之所以为车用者，以其有毂辐也（老子曰：三十辐，共一毂，当其无，有车之用。无谓空虚之处）。无之所以为天下用者，以有礼乐刑政也。如其废毂辐于车，废礼乐刑政于天下，而坐求其无之为用也，则亦近于愚矣。"（《老子论》）荆公之论，精辟无伦（晋人裴𬱟《崇有论》亦洞见此旨，其说见《资治通鉴》八十三卷）。盖周末学者深知无为之治非可以无为致之，故《管子》曰："以有刑至无刑者，其法易而民全。"又曰："法者，天下之仪也，所以决疑而明是非也，百姓所县命也，故明王慎之，不为亲戚故贵易其法，吏不敢以长官威严违其命，民不敢以珠玉重宝犯其禁，故法立而不用，刑设而不行也。"（《禁藏篇》）夫法立而不用，刑设而不行，则无为之治矣！然此学说之由来，非一朝一夕之故。子产作刑书也，晋叔向犹怪而讥之。然则任法以为政，在管仲死后百余年，贤如叔向，犹诧为创见；然谓法治之学说（"法治"与"法治主义"是截然两事，如古代巴比伦人，谓之有法之则可，谓之有法治学说则不可也），已昌明于管子生时，数百年后，稷下诸生衍其"余绪"，犹可成《管子》之书，此岂非大昧于学术思想进化之迹者乎！

原载一九一六年六月《留美学生季报》夏季第二号

# 读《吕氏春秋》

## 一、《吕氏春秋》的贵生主义

《吕氏春秋》是秦国丞相吕不韦的宾客所作。吕不韦本是阳翟的一个商人，用秦国的一个庶子作奇货，做着了一笔政治上的投机生意，遂做了十几年的丞相（前249—前237），封文信侯，食客三千人，家僮万人。《史记》说：

> "是时诸侯多辩士，如荀卿之徒，著书布天下。吕不韦乃使其客人人著所闻，集论以为八览、六论、十二纪，二十余万言，以为备天地万物古今之事，号曰《吕氏春秋》（《史记》八十五）"。

吕不韦死于秦始皇十二年（前235）。此书十二纪之末有《序意》一篇的残余，首称"维秦八年"（当纪元前239年）此可见成书的年代。

《吕氏春秋》虽是宾客合纂的书，然其中颇有特别注重的中心思想。

组织虽不严密，条理虽不很分明，然而我们细读此书，不能不承认他代表一个有意综合的思想系统。《序意》篇说：

> 维秦八年，岁在涒滩，秋，甲子朔。朔之日，良人请问十二纪。文信侯（吕不韦）曰："尝得学黄帝之所以诲颛顼矣：'爰有大圜在上，大矩在下。汝能法之，为民父母'。盖闻古之清世，是法天地（大圜即天，大矩即地）。凡十二纪者，所以纪治乱存亡也，所以知寿夭吉凶也。上揆之天，下验之地，中审之人，若此则是非可不可无所遁矣。天曰顺，顺维生。地曰固，固维宁。人曰信，信维听。三者咸当，无为而行。行也者，行其理也。行[其]数，循其礼，平其私。夫私视使目盲，私听使耳聋，私虑使心狂。三者皆私设精则智无由公。智不公则福日衰，灾日隆。……"

这是作书的大意。主旨在于"法天地"，要上揆度于天，下考验于地，中审察于人，然后是与非，可与不可，都不能逃遁了。分开来说，天曰顺，顺维生。地曰固，固维宁。人曰信，信维听。

第一是顺天，顺天之道在于贵生。第二是固地，固地之道在于安宁。第三是信人，信人之道在于听言。"三者咸当，无为而行。"无为而行，只是依着自然的条理，把私意小智平下去，这便是"行其数，循其理，平其私。"一部《吕氏春秋》只说这三大类的事：贵生之道，安宁之道，听言之道。他用这三大纲来总汇古代的思想。

法天地的观念是黄老一系的自然主义的主要思想（这时代有许多假托古人的书，自然主义一派的人因为儒墨都称道尧舜，尧舜成了滥调了，故他们造出尧舜以前的黄帝的书来。故这一系的思想又称为"黄老之学"）。而这个时代的自然主义一派思想，经过杨朱的为我主义，更趋向个人主义的一条路上去，故孟子在前四世纪末年说杨朱、墨翟之言盈天下，又说当时的三大系思想是杨、墨、儒三家。杨朱的书，如《列子》书中所收，虽在可信可疑之间，但当时的"为我主义"的盛行是决无可疑的。我们即使不信《列子》的《杨朱篇》，至少可以从《吕氏春秋》里寻得无数材料来表现那个时代的个人主义的精义，因为这是《吕氏春秋》的中心思想。

《吕氏春秋》的第一纪的第一篇便是《本生》，第二篇便是《重己》；第二纪的第一篇便是《贵生》，第二篇便是《情欲》。这都是开宗明义的文字，提倡的是一种很健全的个人主义，叫做"贵生"主义，大体上即是杨朱的"贵己"主义。（《不二篇》说，"阳生贵己。"李善注《文选》引作"杨朱贵己"。是古本作"杨朱"，或"阳朱"）其大旨是：

> 圣人深虑天下，莫贵于生……尧以天下让于子州支父，子州支父对曰："以我为天子，犹可也。虽然，我适有幽忧之病，方将治之，未暇在天下也。"天下，重物也，而不以害其生，又况于他物乎？惟不以天下害其生也者，可以托天下。（《贵生》）倕，至巧也；人不爱倕之指而爱己之指，有之利故也。人不爱昆山之玉，江、汉之珠，而爱己之一苍璧小玑，有之利故也。今吾生之为我有而利我亦大矣！论其贵贱，爵为天子不足以比焉。论其轻重，富有天下不可以易之。论其安危，一曙失之，终身不复得。此三者，有道者之所慎也。（《重己》）

这就是"拔一毛而利天下，不为也"的本意。本意只是说天下莫贵于吾生，故不以天下害吾生。这是很纯粹的个人主义。《吕氏春秋》说此义最详细，如云：

身者，所为也。天下者，所以为也。审〔所为〕所以为，而轻重得矣。今有人于此，断首以易冠，杀身以易衣，世必惑之。是何也？冠所以饰首也，衣所以饰身也。杀所饰，要所以饰，则不知所为矣。世之走利，有似于此。危身伤生，刈颈断头以徇利，则亦不知所为也。……不以所以养害所养。……能尊生，虽富贵，不以养伤身；虽贫贱，不以利累形。今受其先人之爵禄，则必重失之。生之所自来者久矣，而轻失之，岂不惑哉？（《审为》）

凡圣人之动作也，必察其所以之，与其所以为。今有人于此，以随侯之珠弹千仞之雀，世必笑之。是何也？所用重，所要轻也。夫生岂特随侯珠之重也哉？（《贵生》）

以上都是"贵生"的根本思想。因为吾生比一切都重要，故不可不贵生，不可不贵己。

贵生之道是怎样呢？《重己》篇说：

凡生之长也，顺之也。使生不顺者，欲也。故圣人必先适欲（高诱注，适，节也）。

《情欲》篇说：

天生人而使有贪有欲。欲有情，情有节。圣人修节以止欲，故不过行其情也。故耳之欲五声，目之欲五色，口之欲五味，情也。此三者，贵贱愚智贤不肖欲之若一。虽神农、黄帝，其与桀、纣同。圣人之所以异者，得其情也。由"贵生"动，则得其情矣。不由"贵生"动，则失其情矣。此二者，死生存亡之本也。

怎么叫做"由贵生动"呢？

　　夫耳目鼻口，生之役也。耳虽欲声，目虽欲色，鼻虽欲芬香，口虽欲滋味，害于生则止。在四官者不欲，利于生者则弗为[止]。由此观之，耳目鼻口不得擅行，必有所制；譬之若官职，不得擅为，必有所制。此贵生之术也。（《贵生》）

这样尊重人生，这样把人生看作行为动作的标准，看作道德的原则，这真是这一派个人主义思想的最大特色。

贵生之术不是教人贪生怕死，也不是教人苟且偷生。《吕氏春秋》在这一点上说的最分明：

　　子华子（据《吕氏春秋·审为》篇，子华子是韩昭侯时人，约当前四世纪的中叶。昭侯在位年代为公元前358到前333）曰："全生为上，亏生次之，死次之，迫生为下。"故所谓"尊生"者，全生之谓。所谓全生者，六欲皆得其宜也。所谓亏生者，六欲分得其宜也（分是一部分，故叫做亏。亏是不满）。亏生则于其尊之者薄矣。其亏弥甚者，其尊弥薄。所谓死者，无有所以知，复其未生也。所谓迫生者，六欲莫得其宜也，皆获其所甚恶者，服是也，辱是也（服字高诱训"行也"，是错的。服字如"服牛乘马"的服，在此有受人困辱羁勒之意）。辱莫大于不义，故不义，迫生也。而迫生非独不义也。故曰迫生不若死。奚以知其然也？耳闻所恶，不若无闻；目见所恶，不若无见。故雷则掩耳，电则掩目，此其比也。凡六欲皆知其所甚恶（《墨经》云，知，接也）而必不得免，不若无有所以知。无有所以知者, 死之谓也。故迫生不若死。

> 嗜肉者, 非腐鼠之谓也。嗜酒者, 非败酒之谓也。尊生者, 非迫
> 生之谓也。(《贵生》)

正因为贵生, 所以不愿迫生。贵生是因为生之可贵, 如果生而不觉其
可贵, 只得其所甚恶, 故不如死, 孟轲所谓"所恶有甚于死者"正是此理。
贵生之术本在使所欲皆得其宜, 如果生而不得所欲, 死而得其所安, 那自
然是生不如死了。《吕氏春秋》说:

> 天下轻于身, 而士以身为人。以身为人者如此其重也! (《不
> 侵》)

因为天下轻于一身, 故以身为人死, 或以身为一个理想死, 才是真正
看得起那一死。这才叫做一死重于泰山。岂但重于泰山, 直是重于天下。
故《吕氏春秋》又说:

> 石可破也, 而不可夺坚。丹可磨也, 而不可夺朱。坚与朱, 性
> 之有也。性也者, 所受于天也, 非择取而为之也。豪士之自好者, 其
> 不可漫以污也, 亦犹此也。……(此下引伯夷、叔齐饿死的事)……
> 人之情莫不有重, 莫不有轻。有所重则欲全之, 有所轻则以养所
> 重。伯夷、叔齐此二士者, 皆出身弃生以立其意, 轻重先定也。(《诚
> 廉》)

全生要在适性, 全性即是全生。重在全性, 故不惜杀身"以立其
意"。老子曾说:

故贵以身为天下，若（乃）可寄天下。爱以身为天下，若可托天下。

《吕氏春秋》解释此意道：

惟不以天下害其生也者，可以托天下。

又说：

天下轻于身，而士以身为人。以身为人者如此其重也！

明白了这种精神，我们才能了解这种贵生重己的个人主义。

儒家的"孝的宗教"虽不是个人主义的思想，但其中也带有一点贵生重己的色彩。孝的宗教教人尊重父母的遗体，要人全受全归，要人不敢毁伤身体发肤，要人不敢以父母之遗体行殆，这里也有一种全生贵己的意思。"大孝尊亲，其次弗辱"，这更有贵生的精神。推此精神，也可以养成"不降其志，不辱其身"的人格。所不同者，贵生的个人主义重在我自己，而儒家的孝道重在我身所自生的父母，两种思想的流弊大不同，而在这尊重自身的一点上确有联盟的可能。故《吕氏春秋》也很注重孝的宗教，《孝行览》一篇专论孝道，甚至于说：

夫执一术而百善至，百邪去，天下从者，其惟孝也。

这是十分推崇的话了。但他所引儒家论孝的话，都是全生重身的话，如曾子说的：

> 身者，父母之遗体也。行父母之遗体，敢不敬乎？居处不庄，非孝也。事君不忠，非孝也。莅官不敬，非孝也。朋友不笃，非孝也。战阵无勇，非孝也。五行不遂，灾及乎亲，敢不敬乎？

又如曾子"舟而不游，道而不径"的话；又如乐正子春下堂伤足的故事里的"父母全而生之，子全而归之，不亏其身，不损其形，可谓孝矣"的一段话，都可以算作贵生重己之说的别解。《孝行览》又说：

> 身也者，非其私有也，严亲之遗躬也。……父母既没，敬行其身，无遗父母恶名，可谓能终矣。

这正是一种变相的贵生重己主义。

## 二、《吕氏春秋》的政治思想

《吕氏春秋》的政治思想，根据于"法天地"的自然主义，充分发展贵生的思想，侧重人的情欲，建立一种爱利主义的政治哲学。此书开篇第一句话便是：

> 始生之者，天也。养成之者，人也。能养天之所生而勿撄之，谓之天子。天子之动也，以全天为故者也。此官之所自立也。立官者，以全生也。今世之惑主多官而反以害生，则失所为立之矣。譬

之若修兵者，以备寇也。今修兵而反以自攻，则亦失所为修之矣。（《本生》）

政府的起源在于"全生"，在于利群。《恃君》篇说：

凡人之性，爪牙不足以自守卫，肌肤不足以捍寒暑，筋骨不足以从利辟害，勇敢不足以却猛禁悍，然且犹裁万物，制禽兽，服狡虫，寒暑燥湿弗能害，不唯先有其备而以群聚耶？群之可聚也，相与利之也。利之出于群也，君道立也。故君道立则利出于群，而人备可完矣。昔太古尝无君矣，其民聚生群处，知母不知父，无亲戚兄弟夫妻男女之别，无上下长幼之道，无进退揖让之礼，无衣服履带宫室畜积之便，无器械舟车城郭险阻之备：此无君之患。……自上世以来，天下亡国多矣，而君道不废者，天下之利也。故废其非君而立其行君道者。

这里可以看出《吕氏春秋》的个人主义在政治上并不主张无政府。政府之设是为一群之利的，所以说：

置君非以阿君也，置天子非以阿天子也，置官长非以阿官长也。（《恃君》）

所以说：

故废其非君而立其行君道者。

所以说：

> 天下非一人之天下也，天下之天下也。（《贵公》）

政府的功用在于全生，故政府的手段在于利用人的情欲。《用民》篇说：

> 民之用也有故。得其故，民无所不用。用民有纪有纲。壹引其纪，万目皆起。壹引其纲，万目皆张。为民纪纲者何也？欲也，恶也。何欲？何恶？欲荣利，恶辱害。辱害所以为罚充也（充，实也）。荣利所以为赏实也。赏罚皆有充实，则民无不用矣。

《为欲》篇说：

> 使民无欲，上虽贤，犹不能用。夫无欲者，其视为天子也，与为舆隶同；其视有天下也，与无立锥之地同；其视为彭祖也，与为殇子同。天子，至贵也；天下，至富也；彭祖，至寿也。诚无欲，则是三者不足以劝。舆隶，至贱也；无立锥之地，至贫也；殇子，至夭也。诚无欲，则是三者不足以禁。……
>
> 故人之欲多者，其可得用亦多。人之欲少者，其得用亦少。无欲者不可得用也。

从前老子要人"无知无欲"，要"我无欲而民自朴"，要"不欲以静，天下将自定"。墨者一派提倡刻苦节用，以自苦为极，故其后进如宋钘有"情欲寡浅"（欲字是动词，即"要"字）之说，以为人的情欲本来就是不要多而要少的。(《荀子·正论篇》《正名篇》《庄子·天下篇》；看我的《古代哲学史》第十一篇第三章三，第十二篇第一章二)。这种思想在前三世纪已很受严重的批评了，最有力的批评是荀卿的《正名》和《正论》两篇。荀卿很大胆地说：

> 凡语治而待去欲者，无以道欲而困于有欲者也。凡语治而待寡欲者，无以节欲而困于多欲者也。……治乱在于心之所可，亡于情之所欲。(《正名》)

《吕氏春秋》从贵生重己的立场谈政治，所以说的更彻底了，竟老实承认政治的运用全靠人有欲恶，欲恶是政治的纪纲；欲望越多的人，越可得用；欲望越少的人，越不可得用；无欲的人，谁也不能使用。所以说：

> 善为上者能令人得欲无穷，故人之可得用亦无穷也。(《为欲》)

这样尊重人的欲恶，这样认为政府的作用要"令人得欲无穷"，便是一种乐利主义的政治学说。墨家也讲一种乐利主义，但墨家律己太严，人人"以自苦为极"，而对人却要"兼而爱之，兼而利之"，这里面究竟有点根本的矛盾。极少数人也许能有这种牺牲自己而乐利天下的精神，但这种违反人情的人生观之上决不能建立真正健全的乐利主义。创始的人可以一面刻苦自己，而一面竭力谋乐利天下，但后来的信徒必有用原来律己之道来责人的；原来只求自己刻苦，后来必到责人刻苦；原来只求自己无欲，后来必至于要人人无欲。如果自苦是不应该的，那么，先生为什么要自苦呢？如果自苦是应该的，那么，人人都应该自苦了。故自苦的宗教决不

能有乐利的政治,违反人情的道德观念决不能产生体贴人情的政治思想。《庄子·天下篇》说的最好:

> 其生也勤,其死也薄,其道大觳,使人忧,使人悲,其行难为也。……反天下之心,天下不堪。墨子虽能独任,奈天下何?……将使后世之墨者必自苦,以腓无胈胫无毛相进而已矣。乱之上也,治之下也。

故健全的乐利主义的政治思想必须建筑在健全的贵己贵生的个人主义的基础之上(近世的乐利主义〔Utilitarianism〕的提倡者,如边沁,如穆勒,皆从个人的乐利出发)。《吕氏春秋》的政治思想重在使人民得遂其欲,这便是一种乐利主义。故此书中论政治,时时提出"爱利"的目标,如云:

> 若夫舜汤则苞裹覆容,缘不得已而动,因时而为,以爱利为本,以万民为义。(《离俗》)

如云:

> 古之君民者,仁义以治之,爱利以安之,忠信以导之,务除其灾,思致其福。(《适威》)

如云:

> 圣人南面而立,以爱利民为心,号令未出而天下皆延颈举踵矣。

（《精通》）

如云：

> 爱利之为道大矣！夫流于海者，行之旬月，见似人者而喜矣。及其期年也，见其所尝见物于中国者而喜矣。夫去人滋久而思人滋深欤？乱世之民，其去圣王亦久矣，其愿见之，日夜无间。故贤王秀士之欲忧黔首者，不可不务也。（《听言》）

这一派的思想以爱利为政治的纲领，故虽然时时钦敬墨者任侠好义的行为，却终不能赞同墨家的许多极端主张。他们批评墨家，也就是用乐利主义为立论的根据。如他们批评"非乐"的话：

> 始生人者，天也，人无事焉。天使人有欲，人弗得不求。天使人有恶，人弗得不辟。欲与恶所于天也，人不得兴焉，不可变，不可易。世之学者有非乐者矣，安由出哉？（《大乐》）

这样承认音乐是根据于"不可变，不可易"的天性，便完全是自然主义者的乐利思想。

他们批评"非攻"、"偃兵"之论，也是从人民的利害上立论。第一，他们认为战争为人类天性上不可避免的：

> 古圣王有义兵而无有偃兵。兵之所自来者久矣，与始有民俱。凡兵也者，威也。威也者，力也。民之有威力，性也。性也者，所受于天也，非人之所能为也。武者不能革，而工者不能移。（《荡

兵》）

这仍是自然主义者的话，与上文所引承认欲恶为天性是一样的理论。第二，战争虽是不能革，不能移，其中却有巧拙之分，义与不义之别，分别的标准在于人民的利害。他们说：

> 夫有以噎死者，欲禁天下之食，悖。有以乘舟死者，欲禁天下之船，悖。有以用兵丧其国者，欲偃天下之兵，悖。
>
> 夫兵不可偃也。譬之若水火然，善用之则为福，不能用之则为祸。若用药者然，得良药则活人，得恶药则死人。义兵之为天下良药也亦大矣！
>
> 兵诚义，以诛暴君而振苦民，民之说也，若孝子之见慈亲也，若饥者之见美食也。民之号呼而走之也，若强弩之射于深溪也，若积大水而失其壅堤也。（《荡兵》）
>
> 攻无道而伐不义，则福莫大焉，黔首利莫厚焉。禁之者，是息有道而伐有义也，是穷汤、武之事而遂桀、纣之过也。（《振乱》）

在这些话里，我们可以看出秦始皇的武力统一政策的理论。我们不要忘记了吕不韦是秦始皇的丞相，秦始皇是他的儿子，将来帮助秦始皇做到天下统一的李斯也是吕不韦门下的舍人，也许即是当日著作《吕氏春秋》的一个人。

当时秦国的兵力已无敌于中国，而武力的背后又有这种自觉的替武力辩护的理论，明白的排斥那些非攻偃兵的思想，明白的承认吊民伐罪是正当的，这是帝国统一的思想背景。看他们说：

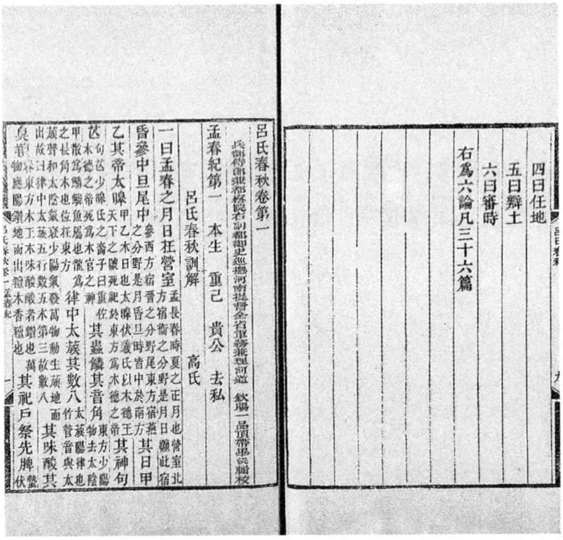
四曰任地
五曰辯土
六曰審時
右爲六論凡三十六篇
呂氏春秋卷第一
孟春紀第一　本生　重己　貴公　去私
呂氏春秋訓解　高氏
一曰孟春之月日在營室
昏參中旦尾中
其日甲乙　其帝太皞　其神句芒
其蟲鱗　其音角
律中太蔟　其數八
其味酸　其臭羶
其祀戶　祭先脾

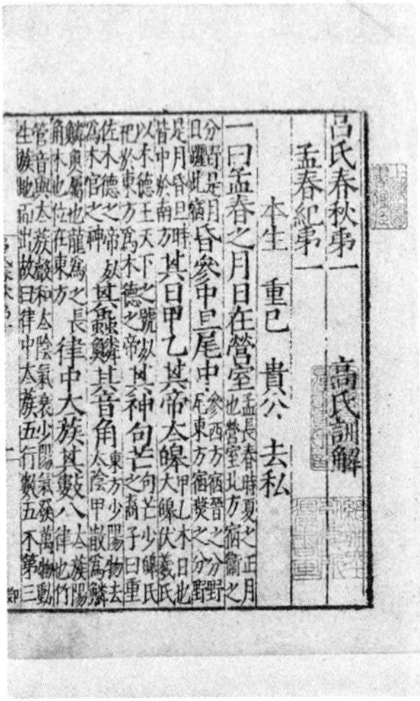
呂氏春秋第一　高氏訓解
孟春紀第一
本生　重己　貴公　去私
一曰孟春之月日在營室
昏參中旦尾中
其日甲乙　其帝太皞　其神句芒
其蟲鱗　其音角
律中大蔟　其數八

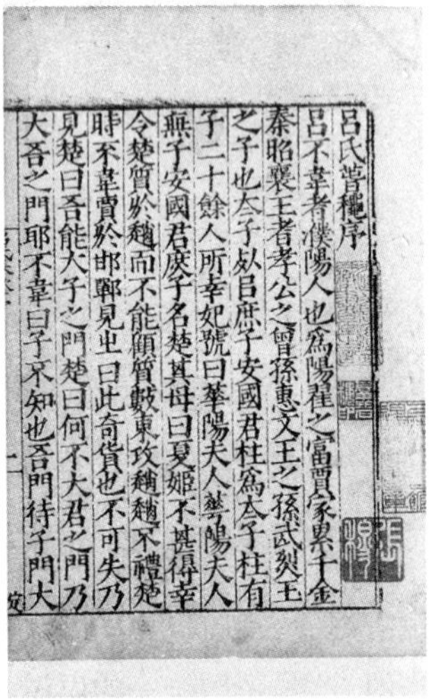
呂氏春秋序
呂不韋者濮陽人也爲陽翟之富賈家累千金
秦昭襄王者孝公之曾孫惠文王之孫武烈王
之子也太子死以庶子安國君柱爲太子柱有
子二十餘人所幸妃號曰華陽夫人華陽夫人
無子安國君庶子名楚其母曰夏姬不甚得幸
令楚質於趙而不能顧質數東攻趙趙不禮楚
時不韋賈於邯鄲見之曰此奇貨也不可失乃
見楚曰吾能大子之門楚曰何不大君之門乃
大吾之門耶不韋曰子不知也吾門待子門大

今周室既灭，而天子已绝（秦灭周室在始皇即位前十年，纪元前256 年）。乱莫大于无天子。无天子则强者胜弱，众者暴寡，以兵相残，不得休息。今之世当之矣。（《谨听》）

这完全是当仁不让的口气了。

《吕氏春秋》的政治思想虽然侧重个人的欲恶，却不主张民主的政治。

《不二》篇说：

听群众人议以治国，国危无日矣！

为什么呢？因为治国是一件很繁难的事，需要很高等的知识和很谨慎的考虑，不是群众人所能为的。《察微》篇说：

使治乱存亡若高山之与深溪，若白垩之与黑漆，则无所用智，虽愚亦可矣。

可惜天下没有这样简单容易的事！

治乱存亡则不然。如可知，如不可知；如可见，如不可见。故智士贤者相与积心愁虑以求之，犹尚有管叔、蔡叔之事，与东夷八国不听之谋。故治乱存亡，其始若秋毫，察其秋毫则大物不过矣。

因为治乱存亡的枢机不容易辨别，"如可知，如不可知；如可见，如不可见"，所以有贤能政治的必要。"弩机差以米则不发"（《察微》篇语），治国之事也是如此。群众往往是短见的，眼光望不出一身一时的利害之外，故可以坐享成功，而不能深谋远虑。

禹之决江水也，民聚瓦砾。事已成，功已立，为万世利。禹之所见者远也，而民莫之知。故民不可与虑化举始，而可以乐成功。（《乐成》）

舟车之始见也，三世然后安之。夫开善岂易哉？（同）

《乐成》一篇中历举孔子治鲁，子产治郑的故事，来说明民众的缺乏远见。

最有趣的是魏襄王请史起引漳水灌邺田的故事：

史起曰："臣恐王之不能为也。"

王曰："子诚能为寡人为之，寡人尽听子矣。"

史起敬诺。言之于王曰，"臣为之，民必大怨臣，大者死，其次乃籍臣（籍是抄没家产）。臣虽死籍，愿王之使他人遂之也。"王曰，"诺。"使之为邺令。史起因往为之。邺民大怨，欲籍史起，史起不敢出而避之。王乃使他人遂为之。水已行，民大得其利，相与歌之曰：邺有圣令，时为史公，决漳水，灌邺旁。终古斥卤，生之稻粱。使民知可与不可，则无所用贤矣。

治国之道，知虑固不易，施行也不易。不知固不能行，行之而草率苟且，也不能有成，行之而畏难中止，或畏非议而中止，也不能有成。计虑固须专家，施行也须要贤者。这是贤能政治的理论。

《吕氏春秋》主张君主政治，其理由如下：

军必有将，所以一之也。国必有君，所以一之也。天下必有天子，所以一之也。天子必执一，所以专之也。一则治，两则乱。今御骊马者使四人，人操一策，则不可以出于门闾者，不一也。（《执一》）

这是当时政治思想的最普通的主张，无甚深意。墨家的尚同主义不但要一个一尊的天子，还要上同于天。儒家的孟、荀都主张君主。孟子虽有民为贵之论，但也不曾主张民权，至多不过说人民可以反抗独夫而已。古代东方思想只有"民为邦本"、"民为贵"之说，其实并没有什么民主民权的制度。极端左派的思想确有"无君"、"无所事圣王"之说，但无政府是一件事，民主制度另是一件事。东方古代似乎没有民主的社会背景，即如古传说的尧、舜禅让，也仍是一种君主制。因为没有那种历史背景，故民权的学说无从产生。西洋的政治史上是先有民权制度的背景，然后有民权主义的政治学说。

但世袭的君主制，究竟和贤能政治的理想不能相容。君主的威权是绝对的，而君主的贤、不肖是不能预定的。以无知或不贤的人，当绝对的大威权，这是绝大的危险。而名分既定，臣民又无可如何，难道只好听他虐民亡国吗？这是古代政治思想的一个中心问题。这问题便是：怎样可以防止避免世袭君主制的危险？前四世纪到三世纪之间，政治哲学对于这个问题，曾有几种重要的解答。第一，是提倡禅国让贤。禅让之说，在这时代最风行，造作的让国神话也最多，似乎都有暗示一种新制度的作用。第二，是主张人民对于暴君有反抗革命的权利。孟子所谓"君之视民如土芥，则臣视君如寇仇"，"闻诛独夫纣矣，未闻弑君也"，都是很明白的承认人民革命的权利。第三，是提倡法治的虚君制度。慎到（《古代哲学史》第十二篇，第一章，一）韩非（同书第十二篇，第二章，四）等人都主张用法治来代替人治。韩非说的最透彻，

"释法术而以心治，尧不能正一国。去规矩而妄意度，奚仲不能成一轮。……使中主守法术，拙匠守规矩尺寸，则万不失矣。君人者能去贤巧之所不能，守中拙之所万不失，则人力尽而功名立"（《韩非子·用人篇》）

这是说，若能守着标准法，则君主的贤不贤都不关重要了。这是一种立宪政体的哲学，其来源出于慎到的极端自然主义。慎到要人"弃知，去己，而缘不得已"。

《庄子·天下篇》说此理最妙：

推而后行，曳而后往，若飘风之还，若羽之旋，若磨石之隧，全而无非，动静无过，未尝有罪。是何故？夫无知之物，无建己之患，无用知之累，动静不离于理，是以终身无誉。故曰，至若无知之物而已，无用贤圣，夫块不失道。

这是当日的法治主义的学理的根据。慎到要人学无知之物，弃知，去己，不用主观的私见，不用一己的小聪明，而完全依着物观的标准，不得已而后动，如飘风之旋，如石头之下坠，动静皆不离于自然之理。这种无知无为的思想，应用到政治上便成了法治的哲学。

《吕氏春秋》的政治哲学大概很受了这种思想的影响，故虽不主张纯粹的法治主义，却主张一种无知无为的君道论。《君守》篇说：

得道者必静，静者无知。知乃无知，可以言君道也（乃字疑当在可字上）。……天无形而万物以成，至精无象而万物已化，大圣无事而千官尽能。此乃谓不教之教，无言之诏。故有以知君之狂也，以其言之当也。有以知君之惑也，以其言之得也。君也者，以无当为当，以无得为得者也。当与得不在于君而在于臣。

故善为君者无识，其次无事。有识则有不备矣，有事则有不恢矣。

《任数》篇说：

君道无知无为，而贤于有知有为，则得之矣。

为什么要无知无为呢？因为：

耳目心智其所以知识甚阙，其所以闻见甚浅。以浅阙博居天下，安殊俗，治万民，其说固不行。十里之间而耳不能闻，帷墙之外而目不能见，三亩之宫而心不能知。其以东至开梧，南抚多鹦，西服寿麻，北怀儋耳，若之何哉？（《任数》）

因为：

人主好以己为，则守职者舍职而阿主之为矣。阿主之为，有过则主无以责之，则人主日侵而人臣日得。（《君守》）

因为：

人主自智而愚人，自巧而拙人，若此则……请者愈多，且无不

请也。主虽巧智，未无不知也。以"未无不知"应"无不请"，其道固穷。为人主而数穷于下，将何以君人乎？（《知度》）

因为这些理由，人主应该无知无事。

> 去听，无以闻，则聪。去视，无以见，则明。去智，无以知，则公。去三者不任则治，三者任则乱。……耳目知巧固不足恃，惟循其数，行其理，为可。（《任数》。循字旧作脩，依《序意》篇改）

这就是上文所引《序意》篇所说"行其数，循其理，平其私。夫私视使目盲，私听使耳聋，私虑使心狂"的意思。用个人的耳目智巧，总不能无私，所以人君之道须学那无知之物，然后可以无建己之患，无用知之累。故说：

> 至智弃智，至仁忘仁，至德不德。无言无思，静以待时。时至而应，心暇者胜。……无唱有和，无先有随。古之王者，其所为少，其所因多。因者，君术也。为者，臣道也。为则扰矣，因则静矣。因冬为寒，因夏为暑，君奚事哉？（《任数》）

无唱有和，无先有随，即是慎到所谓"推而后行，曳而后往"，即是"因"。

慎到说"因"字最好：

> 因也者，因人之情也。人莫不自为也。……用人之自为，不用人之为我，则莫不可得而用矣。此之谓因。

人皆欲荣利，恶辱害，国家因而立赏罚，这便是因人之情，便是用人之自为（说详上文）。《分职》篇说：

> 先王用非其有，如己有之，通乎君道者也。夫君也者，处虚素服而无智，故能使众智也。智反无能，故能使众能也。能执无为，故能使众为也。无智，无能，无为，此君之所执也……
>
> 武王之佐五人，武王之于五人者之事无能也，然而世皆曰取天下者武王也。故武王取非其有，如己有之，通乎君道也。……枣，棘之有；裘，狐之有也。食棘之枣，衣狐之皮，先王固用非其有而己有之。

用非其有，如己有之，也是"因"。

> 今召客者，酒酣歌舞，鼓瑟吹竽。明日不拜乐己者，而拜主人，主人使之也。先王之立功名，有似于此。……
>
> 譬之若为宫室必任巧匠。……巧匠之宫室已成，不知巧匠而皆曰，"善，此某君某王之宫室也"。此不可不察也。（《分职》）

我们看了这种议论，可以知道《吕氏春秋》虽然采用自然主义者的无知无为论，却仍回到一种虚君的丞相制，也可以说是虚君的责任内阁制。君主无知无事，故不负责任，所谓"块不失道"，即是虚君立宪国家所谓"君主不会做错事"。不躬亲政事，故不会做错事。政事的责任全在丞相身上。《君守》篇所谓"当与得不在于君而在于臣"是也。慎到是纯粹法治家，故说"无用贤圣，夫块不失道"。但《吕氏春秋》的作者是代一个丞相立言，故有时虽说"正名"，有时虽说"任数"，却终不能不归到信任贤相，所谓"为宫室必任巧匠，匠不巧则宫室不善"。君主是世袭的，位固定而人不必皆贤。丞相大臣是选任的，位不固定而可以选贤与能。故说：

> 凡为善难，任善易。奚以知之？人与骥俱走，则人不胜骥矣。居于车上而任骥，则骥不胜人矣。人主好治人官之事，则是与骥俱走也，必多所不及矣。夫人主亦有居车，无去车，则众善皆尽力竭能矣。（《审分》）
>
> 有司请事于齐桓公，桓公曰，"以告仲父"。有司又请，公曰，"告仲父"。若是三。习者曰："一则仲父，二则仲父，易哉为君！"桓公曰："吾未得仲父则难。已得仲公之后，曷为其不易也？"（《任数》）

这是虚君的丞相制。《勿躬》篇又说管仲推荐宁遬为大田，隰朋为大行，东郭牙为大谏臣，王子城父为大司马，弦章为大理，

> 桓公曰，善，令五子皆任其事，以受令于管子。十年，九合诸侯，一匡天下，皆夷吾与五子之能也。

这是虚君的责任内阁制。大臣受令于丞相，丞相对君主负责任，这种制度似乎远胜于君主独裁制了。但在事实上，谁也不能叫君主实行无知无为，这是一大困难。丞相受任于君主，谁也不能叫他必任李斯而不任赵高，这是二大困难。一切理想的虚君论终没有法子冲破这两大难关，所以没有显著的成绩可说。猫颈上挂串铃儿，固然于老鼠有大利益。但叫谁去挂这串铃呢？后世的虚君内阁制所以能有成效，都是因为实权早已不在

202

君主手里了。

我在上文曾指出《吕氏春秋》不信任民众的知识能力，故不主张民主政治，而主张虚君之下的贤能政治。但《吕氏春秋》的政治主张根本在于重民之生，达民之欲，要令人得欲无穷，这里确含有民主政治的精神。所以此书中极力提倡直言极谏的重要，认为是宣达民人欲望的唯一方法，遂给谏官制度建立一个学理的基础。《达郁》篇说：

> 凡人三百六十节，九窍，五脏，六腑，肌肤欲其比（高注，比犹致也。毕沅注，谓致密。）也，血脉欲其通也，筋骨欲其固也，心志欲其和也，精气欲其行也。若此，则病无所居，而恶无由生矣。病之留，恶之生也，精气郁也。故水郁则为污，树郁则为蠹，草郁则为蒉（毕沅引梁履绳说，《续汉书·郡国志》三注引《尔雅》"木立死曰菑"，又引此"草郁即为蒉"，疑蒉本是菑字，即菑也，因形近而讹）。国亦有郁，生德不通，民欲不达，此国之郁也。国郁处久则百恶并起而万灾丛至矣。上下之相忍也，由此出矣。故圣王之贵豪士与忠臣也，为其敢直言而决郁塞也。

此下引召公谏周厉王的话：

> 防民之口，甚于防川。川壅而溃，败人必多。夫民犹是也。是故治川者决之使导，治民者宣之使言。是故天子听政，使公卿列士正谏，好学博闻献诗，蒙箴，师诵，庶人传语，近臣尽规，亲戚补察，而后王斟酌焉。是以下无遗善，上无过举。（此文又见《国语》，文字稍不同）

《自知》篇说：

> 欲知平直，则必准绳；欲知方圆，则必规矩。人主欲自知，则必直士。故天子立辅弼，设师保，所以举过也。夫人固不能自知，人主独甚。尧有欲谏之鼓，舜有诽谤之木，汤有司过之士，武王有戒慎之铭，犹恐不能自知。今贤非尧舜汤武也，而有掩蔽之道，奚由自知哉？……范氏之亡也，百姓有得钟者，欲负而走，则钟大不可负；以椎毁之，钟况然有音。恐人闻之而夺己也，遽掩其耳。恶人闻之，可也。恶己自闻之，悖矣。为人主而恶闻其过，非犹此耶？

这都是直言极谏的用处：达民欲，决郁塞，闻过失，都可以补救君王政治的缺点。中国古来有这个直言极谏的风气，史传所记的直谏故事不可胜举，最动人的莫如《吕氏春秋》所记葆申笞责楚文王的故事：

> 荆文王得茹黄之狗，宛路之矰，以畋于云梦，三月不反；得丹之姬，淫期年不听朝。葆申曰，"先王卜以臣为葆，吉（《说苑》引此事，葆作保。保即是保傅，申是人名）。今王得茹黄之狗，宛路之矰，畋三月不反；得丹之姬，淫期年不听朝：王之罪当笞。"
>
> 王曰，"不谷免衣襁褓而齿于诸侯，愿请变更而无笞。"
>
> 葆申曰，"臣承先王之令，不敢废也。王不受笞，是废先王之令也。臣宁抵罪于王，毋抵罪于先王。"
>
> 王曰，"敬诺。"
>
> 引席，王伏，葆申束细荆五十，跪而加之于背，如此者再。谓王"起矣！"
>
> 王曰，"有笞之名一也，遂致之"。（既然打了，爽性有力打

204

罢!）

申曰，"臣闻'君子耻之；小人痛之'。耻之不变，痛之何益？"
葆申趣出，自流于渊，请死罪。

文王曰，"此不谷之过也，葆申何罪？"

王乃变更，召葆申，杀茹黄之狗，折宛路之矰，放丹之姬。
（《直谏》）

这一类的故事便是谏诤制度的历史背景。御史之官出于古之"史"，
而巫祝史卜同是宗教的官，有宗教的尊严。春秋时代，齐之太史直书崔杼
弑君，兄弟相继被杀而不肯改变书法；晋之太史董狐直书赵盾弑君，而
赵氏不敢得罪他。史官后来分化，一边仍为记事之史，而执掌天文星占之
事，仍有一点宗教的权威；一边便成为秦以下的御史，便纯粹是谏官了。
葆申故事里说先王卜他为保，故他能代表先王，这里面也含有宗教的权
威。古代社会中有了这种历史背景，加上自觉的理论，故谏官制度能逐渐
演进，成为裁制君权的最重要制度。

# 三、《吕氏春秋》与李斯

我在前面曾说《吕氏春秋》也许有李斯的手笔，这虽是一种臆测，然
而此书的政治思想有"不法先王"的议论，上承荀卿"法后王"的思想，而
下合李斯当国时的政策，李斯与韩非同是荀卿的弟子，而在这一点历史进
化的见解上他们的主张完全相同，这大概不是偶然的事吧？试看《吕氏春
秋》说：

上胡不法先王之法？非不贤也，为其不可得而法。先王之法，

经乎上世而来者也，人或益之，人或损之，胡可得而法？虽人弗损益，犹若不可得而法。东夏之命（东是东部，秦在西部，故自称夏而称余国为东），古今之法，言异而典殊，故古之命多不通乎今之言者，今之法多不合乎古之法者。殊俗之民有似于此。其所为欲同，其所为异。……先王之法胡可得而法？

虽可得，犹若不可法。凡先王之法，有要于时也。时不与法俱至，法虽今而至，犹若不可法。

故择（一作释）先王之成法，而法其所以为法。先王之所以为法者，何也？先王之所以为法者，人也。而己亦人也。故察己则可以知人，察今则可以知古。古今一也，人与我同耳。有道之士贵以近知远，以今知古，以所见知所不见。故审堂下之阴而知日月之行，阴阳之变；见瓶水之冰而知天下之寒，鱼鳖之藏也。（《察今》）


这里的"古今一也"之说最近于荀子的"古今一度也，类不悖，虽久同理"（《古代哲学史》第十一篇第二章2—3）。其实此说不够说明"不法先王"的主张，并且和"时不与法俱至"的话是恰相冲突的。如果真是"古今一也，人与我同耳"，先王之法何以不可得而法呢？何以还怕"时不与法俱至"呢？大概"法后王"之说出于荀卿，但荀卿所谓"法后王"并不含有历史演化的意义，只是说"文久而灭"，不如后王制度之粲然可考，既然古今同理，何必远谈那"久则论略"的先王制度呢？韩非、李斯一辈人虽然也主张"不法先王"，但他们似受了自然演化论的影响，应用到历史上去，成为一种变法的哲学。韩非所谓"世异则事异，事异则备变"，即是此书所谓"有要于时，时不与法俱至"，这才是此书主张不法先王的真意义。（韩非的书流传入秦，史不记何年。《始皇本纪》说用李斯计攻韩在始皇十年，其时始皇已读了韩非的书了。似韩非书传入秦国或在八年吕不韦著书之前）这里偶然杂入了一句荀卿旧说，其实不是著书者的本意。试看此篇下文云：

> 荆人欲袭宋，使人先表澭水（表是测量）。澭水暴益，荆人勿知，循表而夜涉，溺死者千有余人。……向其先表之时，可导也。今水已变而益多矣，荆人尚犹循表而导之，此所以败也。
>
> 今世之主法先王之法也，有似于此。其时已与先王之法亏矣，而曰，"此先王之法也"，而法之以为治，岂不悲哉？
>
> 故治国无法则乱，守法而弗变则悖，悖乱不可以持国。世易时移，变法宜矣。譬之若良医，病万变，药亦万变。病变而药不变，向之寿民今变为殇子矣。故凡举事必循法以动，变法者因时而化。若此论则无过举矣。
>
> 夫不敢议法者，众庶也。以死守[法]者，有司也。因时变法者，贤主也。是故有天下七十一圣，其法皆不同，非务相反也，时势异也。（《察今》）

这种变法的哲学最像韩非的《五蠹》篇，其根据全在一种历史演进的观念。

此种观念绝非荀卿一辈主张古今虽久而同理的儒家所能造出，乃是从庄子一派的自然演化论出来的，同时又是那个国际竞争最激烈的时势的产儿。其时已有商鞅、赵武灵王的变法成绩，又恰有自然演变的哲学思想，故有韩非、李斯的变法哲学。《察今》篇中的表澭水的故事，说的何等感慨恳切。此故事和同篇的"刻舟求剑"的寓言，和韩非《五蠹》篇的"守株待兔"的寓言，命意都绝相同，很可以看出他们的思想渊源。韩非不得用于韩国，又不得用于秦国，终于死在李斯、姚贾手里。韩非虽死，他的变法的哲学却在李斯手里发生了绝大的影响。李斯佐秦始皇统一中国之后，废除封建制度，分中国为郡县，统一法度，画一度量衡，同一文字，都是中国有历史以来的绝大改革。后来因为博士淳于越等的反对新政，李斯上焚书的提议说：五帝不相复，三代不相袭，各以治，非其相反，时变异也。

此与《察今》篇的"七十一圣"一段相同。议奏中又切责诸生"不师今而学古"，"语皆道古以害今"，又说"三代之事何足法也"，又有"以古非今者族"的严刑。这都是《五蠹》篇和《察今》篇的口气。究竟还是《吕氏春秋》采纳了韩非的思想来做《察今》篇呢？还是李斯借了吕不韦来发挥他自己的变法哲学呢？还是李斯不过实行了韩非的哲学呢？还是李斯、韩非同是时代的产儿，同有这种很相同的思想呢？——可惜我们现在已无法解答这些疑问了。

选自《胡适文存三集》卷三（上海亚东图书局一九二一年版）

# 我们今日还不配读经

　　傅孟真先生昨天在《大公报》上发表星期论文，讨论学校读经的问题。我们得到了他的同意，转载在这一期《独立》第一四六号里。他这篇文章的一部分是提倡读经的诸公所能了解（虽然不肯接受）的。但是其中最精确的一段，我们可以预料提倡读经的文武诸公决不会了解的。那一段是：

　　经过明末以来朴学之进步，我们今日应该充分感觉六经之难读。汉儒之师说既不可恃，宋儒的臆想又不可凭，在今日只有妄人才敢说诗书全能了解。有声音文字训诂学训练的人是深知"多闻阙疑"，"不知为不知"之重要性的。那么，今日学校读经，无异于拿些教师自己半懂不懂的东西给学生。……六经虽在专门家手里也是半懂不懂的东西，一旦拿来给儿童，教者不是混沌混过，便要自欺欺人。这样的效用，究竟是有益于儿童的理智呢，或是他们的人格？

孟真先生这段话，无一字不是事实。只可惜这番话是很少人能懂的。今日提倡读经的人们，梦里也没有想到五经至今还只是一半懂得一半不懂得的东西。这也难怪，毛公、郑玄以下，说《诗》的人谁肯说《诗》三百篇有一半不可懂？王弼、韩康伯以下，说《易》的人谁肯说《周易》有一大半不可懂？郑玄、马融、王肃以下，说《书》的人谁肯说《尚书》有一半不可懂？古人且不谈，三百年中的经学家，陈奂、胡承珙、马瑞辰等人的《毛诗》学，王鸣盛、孙星衍、段玉裁、江声、皮锡瑞、王先谦诸人的《尚书》学，焦循、江藩、张惠言诸人的《易》学，又何尝肯老实承认这些古经他们只懂得一半？所以孟真先生说的"六经虽在专门家手里也是半懂不懂的东西"，这句话只是最近二三十年中的极少数专门家的见解，只是那极少数的"有声音文字训诂学训练的人"的见解。这种见解，不但陈济棠、何键诸公不曾梦见，就是一般文人也未必肯相信。

所以我们今日正应该教育一般提倡读经的人们，教他们明白这一点。这种见解可以说是最新的经学，最新的治经方法。始创于新经学的大师是王国维先生。虽然高邮王氏父子在一百多年前早已走上这条新经学的路了。王国维先生说：

> 《诗》、《书》书为人人诵习之书，然于六艺中最难读。以弟之愚暗，于《书》所不能解者殆十之五；于《诗》，亦十之一二。此非独弟所不能解也，汉魏以来诸大师未尝不强为之说，然其说终不可通。以是知先儒亦不能解也。（《观堂集林》卷一，《与友人论诗书中成语书》）

这是新经学开宗明义的宣言，说话的人是近代一个学问最博而方法最慎密的大师，所以说的话最有分寸，最有斤两。科学的起点在于求知，而求知的动机必须出于诚恳的承认自己知识的缺乏。古经学所以不曾走上科学的路，完全由于汉魏以来诸大师都不肯承认古经的难懂，都要"强为之说"。南宋以后，人人认朱子、蔡沈的《集注》为集古今大成的定论，所以经学更荒芜了。顾炎武以下，少数学者走上了声音文字训诂的道路，稍稍能补救宋明经学的臆解的空疏。然而他们也还不肯公然承认他们只能懂得古经的一部分，他们往往不肯抛弃注释全经的野心。浅识的人，在一个过度迷信清代朴学的空气里，也就纷纷道听途说，以为经过了三百年清儒的整理，五经应该可以没有疑问了。谁料到这三百年的末了，王国维先生公忽然开揭穿了这张黑幕，老实的承认，《诗经》他不懂的有十之一二，《尚书》他不懂的有十之五。王国维尚且如此说，我们不可以请今日妄谈读经的诸公细细想想吗？

何以古经这样难懂呢？王国维先生说：

其难解之故有三：讹阙，一也（此以《尚书》为甚）。古语与今语不同，二也。古人颇用成语，其成语之意义与其中单语分别之意义又不同。三也。

唐宋之成语，吾得由汉魏六朝人书解之；汉魏之成语，吾得由周人秦人书解之。至于《诗》《书》，则书更无古于是者。其成语之数数见者，得比较之而求其相沿之意义。否则不能赞一辞。若但合其中之单语解之，未有不龃龉者。（同上书）

王国维说的三点，第一是底本，第二是训诂，第三还是训诂。其实古经的难懂，不仅是单字，不仅是成语，还有更重要的文法问题。前人说经，都不注意古文语法，但就字面做训诂，所以处处"强为之说"，而不能满人意。王念孙、王引之父子的《经传释词》，用比较归纳的方法，指出许多前人误认的字是"词"（虚字），这是一大进步。但他们没有文法学的术语可用，只能用"词""语词""助词""语已词"一类笼统的名词，所以他们的最大努力还不能使读者明了那些做古文字的脉络条理的"词"在文法上的意义和作用。况且他们用的比较的材料绝大部分还是古书的文字，他们用的铜器文字是绝少的。这些缺陷，现代的学者刚刚开始弥补：文法学的知识，从《马氏文通》以来，因为有了别国文法作参考，当然大进步了；铜器文字的研究，在最近几十年中，已有了长足的进展；甲骨文字的认识又使古经的研究添出了不少的比较的材料。所以今日可说是新经学的开始时期。路子有了，方向好像也对了，方法好像更精细了，只是工作刚开始，成绩还说不上。离那了解古经的时期，还很远哩！

正因为今日的工具和方法都比前人稍进步了，我们今日对于古经的了解的估计，也学比王国维先生的估计还要更小心一点，更谦卑一点。王先生说他对《诗经》不懂的有十之一二，对《尚书》有十之五。我们在今日，严格的估计，恐怕还不能有他那样的乐观。《尚书》在今日，我们恐怕还不敢说懂得了十之五。《诗经》的不懂部分，一定不止十之一二，恐怕要加到十之三四吧。这并不是因为我们比前人更笨，只是因为我们今日的标准更严格了。试举几个例子来做说明：

（1）《大诰》开篇就说：

王若曰，猷大诰尔多邦。

《微子之命》开篇也说：

王若曰，猷殷王元子。

《多方》开篇也说:

> 周公曰,王若曰,猷告尔四国多方。

这个"猷"字,古训做"道",清代学者也无异说。但我们在今日就不能这样轻轻放过他了。

(2)又如"弗""不"两个字,古人多不曾注意到他们的异同;但中央研究院的丁树声先生却寻出了很多的证据,写了两万多字的长文,证明这两个否定词在文法上有很大的区别。"弗"字是"不之"两字的连合省文。在汉以前这两字是从不乱用的。

(3)又如《诗》《书》里常用的"诞"字,古训作"大",固是荒谬;世俗用作"诞生"解,固是更荒谬;然而王引之《经传释词》里解做"发语词",也还不能叫人明白这个字的文法作用。燕京大学的吴世昌先生释"诞"为"当",然后我们懂得"诞弥阙月"就是当怀胎足月之时;"诞寘之陋巷","诞寘之平林"就是当把他放在陋巷平林之时。这样说去,才可以算是认得这个字了。

(4)又如《诗经》里常用的"于以"二字:

> 于以采苹,南涧之滨。
>
> 于以采藻,于彼行潦。
>
> 于以采蘩,于沼于沚。
>
> 于以用之,公侯之事。
>
> 于以求之,于林之下。

"于以"二字，谁不认得？然而清华大学的杨树达先生指出这个"以"字应解作"何"字，就是"今王其如台"的"台"字。这样一来，我们只消在上半句加个疑问符号（？），如下例：

于以求之，于林之下。

于以采蘩，于沼于沚。

这样说经，才可算是"涣然冰释，怡然顺理"了。

我举的例子，都是新经学提出的小小问题，都是前人说经时所忽略的，所认为不需诂释的。至于近二三十年中新经学提出的大问题和他们的新解决，那都不是这篇短文里说得明白的，我们姑且不谈。

总而言之，古代的经典今日正开始受科学的整理的时期，孟真先生说的"六经虽在专门家手中也是半懂不懂的东西"，真是最确当的估计。《诗》，《书》，《易》，《仪礼》，固然有十之五是不能懂的，《春秋三传》也都有从头整理研究的必要；就是《论语》《孟子》也至少有十之一二是必须经过新经学的整理的。最近一二十年中，学校废止了读经的功课，使得经书的讲授脱离了村学究的胡说，渐渐归到专门学者的手里，这是使经学走上科学的路的最重要的条件。二三十年后，新经学的成绩积聚的多了，也许可以稍稍减低那不可懂的部分，也许可以使几部重要的经典都翻译成人人可解的白话，充作一般成人的读物。

在今日妄谈读经，或提倡中小学读经，都是无知之谈，不值得通人的一笑。

原载一九三五年四月十四日《独立评论》第一四六号

大家
讲谈

# 与钱穆先生论《老子》问题书

宾四先生：

去年读先生的《向歆父子年谱》，十分佩服。今年在《燕京学报》第七期上读先生的旧作《关于〈老子〉成书年代之一种考察》，我觉得远不如《向歆谱》的谨严。其中根本立场甚难成立。我想略贡献一点意见，请先生指教。

此文的根本立场是"思想上的线索"。但思想线索实不易言。希腊思想已发达到很"深远"的境界了，而欧洲中古时代忽然陷入很粗浅的神学，至近千年之久。后世学者岂可据此便说希腊之深远思想不当在中古之前吗？又如佛教的哲学已到很"深远"的境界，而大乘末流沦为最下流之密宗，此又是最明显之例。试即先生所举各例，略说一二事。如云：

> 《说卦》"帝出于震"之说，……其思想之规模、条理及组织，盛大精密，皆逊《老子》，故谓其书出《老子》后，袭《老子》语也。以下推断率仿此。

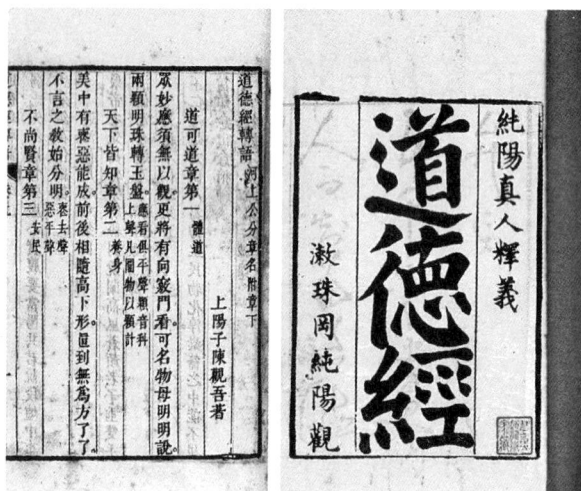

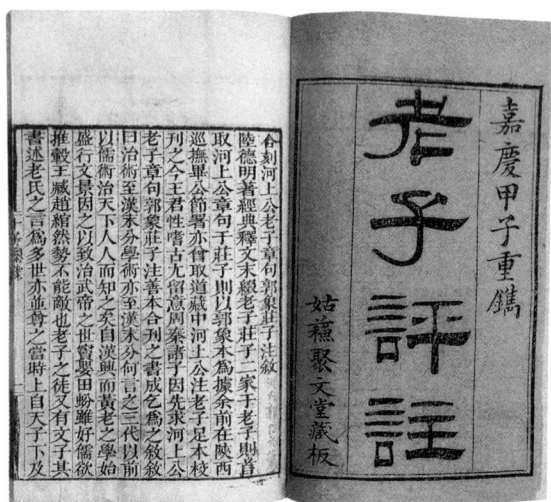

然先生已明明承认《大宗师》已有道先天地而生的主张了。"仿此推断",何不可说"其书出《老子》后,袭《老子》语也"呢?

又如先生说:

以思想发展之进程言,则孔、墨当在前,老、庄当在后。否则老已发道为帝先之论,孔、墨不应重为天命天志之说。何者?思想上之线索不如此也。

依此推断,老、庄出世之后,便不应有人重为天命天志之说了吗?难道二千年中之天命天志之说,自董仲舒、班彪以下,都应该排在老、庄以前吗?

这样的推断,何异于说"几千年来,人皆说老在庄前,钱穆先生不应说老在庄后,何者?思想上之线索不如此也?"

先生对于古代思想的几个重要观念,不曾弄明白,故此文颇多牵强之论。如天命与天志当分别而论。天志是墨教的信条,故墨家非命;命是自然主义的说法,与尊天明鬼的宗教不能并存(后世始有"司命"之说,把"命"也做了天鬼可支配的东西)。

当时思想的分野:老子倡出道为天地先之论,建立自然的宇宙观,动摇一切传统的宗教信仰,故当列为左派。孔子是左倾的中派,一面信"天何言哉?四时行焉,百物生焉"的自然无为的宇宙论,又主"存疑"的态度,"知之为知之,不知为不知","未能事人,焉能事鬼",皆是左倾的表示;一面又要"祭如在,祭神如神在",则仍是中派。孔、孟的"天"与"命",皆近自然主义:"莫之为而为,莫之致而致",皆近于老、庄。此孔、孟、老、庄所同,而尊天事鬼的宗教所不容。墨家起来拥护那已动摇的民间宗教,稍稍加以刷新,输入一点新的意义,以天志为兼爱,明天鬼为实有,而对于左派中派所共信的命定论极力攻击。这是极右的一派。

思想的线索必不可离开思想的分野,凡后世的思想线索的交互错综，都由于这左、中、右三线的互为影响。荀卿号称儒家，而其《天论》乃是最健全的自然主义。庄子蔽于天而不知人，其《大宗师》一篇已是纯粹宗教家的哀音，已走到极右的路上去了。

《老子》书中论"道"，尚有"吾不知其名，字之曰道，强为之名曰大"的话，是其书早出最强有力之证，这明明说他初得着这个伟大的见解，而没有相当的名字，只好勉强叫他做一种历程——道——或形容他叫做"大"。

这个观念本不易得多数人的了解，故直到战国晚期才成为思想界一部分人的中心见解。但到此时期，——如《庄子》书中，——这种见解已成为一个武断的原则，不是那"强为之名"的假设了。

我并不否认"《老子》晚出"之论的可能性。但我始终觉得梁任公、冯芝生与先生诸人之论证无一可使我心服。若有充分的证据使我心服，我决不坚持《老子》早出之说。

匆匆草此，深盼

指教。

一九三一年三月十七日

选自《胡适论学近著》第一集卷一<br>（商务印书馆一九三五年版）

# 论《春秋》答钱玄同

玄同兄：

你可考倒我了。我这几年压根儿就没有想过《春秋》的性质的问题，所以对于你的质问，我几乎要交白卷。但你的信却使我不能不想想这个问题，想想的结果，略如下方，写出请你指教。

第一，孟轲说："晋之乘，楚之梼杌，鲁之春秋，一也。其事则齐桓、晋文，其文则史。孔子曰，'其义则丘窃取之矣'。"我想，"其文则史"一句似乎是说，以文字体裁而论，《春秋》是一部史，与别国的史正是"一也"。试看齐国史官记"崔杼弑其君"，晋国史官记"赵盾弑其君"，其文字体裁正与《春秋》相同。况且"其义则丘窃取之矣"一句，从文法上严格说来，应译作，"至于这里面的意义，可是我偷了他们的了"。旧注以"窃取"为谦辞，我却不肯放过这句话。我以为董狐，齐史，都在孔子之前；史官的威权已经成立了，故孔子自认窃取史官"书法"的意义，而建立正名的思想。

第二，所谓"孔子作《春秋》"者，至多不过是说，孔子始开私家学者作历史的风气。创业不易，故孔子的《春秋》（即使不全是今所传本）也不见得比"断烂朝报"高明多少。但私家可以记史事,确有使跋扈权臣担忧之处。故有"乱臣贼子惧"的话。此事正不须有什么"微言大义",只要敢说老实话,敢记真实事,便可使人注意(惧)了。今之烂污报馆,尚且有大官贵人肯出大捧银子去收买,何况那位有点傻气的孔二先生呢? 我的英国朋友佗音比(Arnold Toynbee)每年编一册"国际关系调查",颇能据事直书。

这几年中,每年都有列国外交当局对他的记事表示很关切的注意,往往供给材料,请他更正。这便是"惧"字的"今谊"了。(崔浩修史的故事,更可借来印证。)

第三,孔门的后人不能继续孔子以私家学者作史的遗风,却去向那部比断烂朝报高明不多的《春秋》里寻求他老人家的微言大义。于是越钻越有可怪的议论发现。其实都是像禅宗和尚说的,"某甲只将花插香炉上,是和尚自疑别有什么事"。(作《左氏春秋》的那位先生似是例外。)

第四,我们在今日无法可以证实或否证今本《春秋》是孔子作的;也不能证明此书是否荀子一派人作的。因为简短,故颇像"断烂";其实我们看惯了殷虚卜辞,更见了董狐齐史所记,似可以假定今本《春秋》不是晚出的书,也许真是孔子仿古史书法而作的。我从前(《哲学史》一○三)曾疑《春秋》有"后来被权门干涉,方才改了的"。现在看来,在那种时代,私家记载不能不有所忌讳,也是很平常的事。即使胡适之、钱玄同在今日秉笔作国史,能真正铁面不避忌吗?

毛子水兄恰好在我家中,见了你的原书和我的答书的前半,他写出了三条意见,如下:

(1)《春秋》的底子可以是孔子以前史官所记录的。

(a)书法是可有的事。

# 欽定春秋傳說彙纂卷首上

綱領

綱領一　此篇論春秋經傳源流

班氏固曰左史記言右史記事事為春秋言為尚書
杜氏預曰周禮有史官掌邦國四方之事達四方之志諸
侯亦各有國史大事書之於策小事簡牘而已孟子曰
楚謂之檮杌晉謂之乘而魯謂之春秋其實一也韓宣
子適魯見易象與魯春秋曰周禮盡在魯矣吾乃今知
周公之德與周之所以王韓子所見蓋周之舊典禮經
也周德既衰官失其守上之
策書諸所記注多違舊章仲尼因魯史策書成文考其
真偽而志其典禮上以遵周公之遺制下以明將來之

# 欽定春秋傳說彙纂卷第一

集說

杜氏預曰春秋者魯史記之名也記事者以事繫日以
日繫月以月繫時以時繫年所以紀遠近別同異也故
史之所記必表年以首事年有四時故錯舉以為所記
之名也徐氏彥曰春秋者魯史記之名孔子因而修之
故云春秋者魯史記之名也
而春秋成於秋冬故謂之春秋
其次列物以生者為春以物之成者為秋
雨其制禮之初故曰天子之事者猶曰天子之法云爾
兩傳云孟子言春秋實因成斑爵之名混而一之以武
時孟子之時斑爵一截以成周而因修春秋則因一律以周
名秋則斑爵一截以成周其行事則因而修其事
制禮之初故曰天子之事者猶曰天子之法云爾

（b）断烂朝报的性质是古初的著作体裁使然，详细的必是口传而非文字。

（2）孔子可以得到这样的纪录，并且利用它。

（3）孔子也许公布古代史官的纪录，并接续记载当时的事。

子水的意见和我相差不远。

以上所说，不知能算是交卷了吗？

谢谢你为我的生日费了那么多的工夫写那篇长文。裱成时，还要请你签字盖章，使千百年后人可以省去考证的工夫。

适之十九，十二，二十。

## 附录　钱先生来书

适之兄：

今有一事要请问你：你对于《春秋》，现在究竟认它是一部什么性质的书？你的《哲学史》中说《春秋》不该当它历史看，应该以《公》《谷》所说为近是，它是孔子"正名"主义的书；后来你做北大《国学季刊宣言》，对于清儒治《春秋》而回到《公羊》的路上，认为太"陋"了，并且和治《易》回到"方士"的路上为同等之讥评。我对于你这个论调，可以作两种解释：（一）你仍认《春秋》为正名之书，仍以《公》《谷》所言为近是；但对于庄、刘、龚、康诸公的"《春秋》扩大会议派"，动不动说"微言大义""张三世""通三统""黜周王鲁"这些话觉得太讨厌了，离开真相太远了，所以用一个"陋"字来打倒它。（二）你前后的见解不同了，你后来认为《春秋》只是一部"断烂朝报"，不但没有那些微言大义，并且也不是孔子正名之著作。我这两种解释未知孰是，请你自己告我。

我现在的意见，是主张你前一说而略有不同。我以为《春秋》确是正名之书，但不见得就是孔子的笔削（孔子一生，我以为是并没有著过书），大概是荀子一派喜欢"隆礼""正名"的人们干的把戏，作《公羊传》者当是此笔削《春秋》者的数传弟子之类。《公羊》所言已有些"扩大会议"的意味，到了董道士和何老爹，越说越不可究诘了。至于清代的先生们，则离题更远，干脆一句话，他们是"托《春秋》而改制"罢了。我因为觉得《春秋》的称名上确有些奇怪：如整整齐齐的五等爵位，某也公，某也侯，……永远不变，今证之于《钟鼎款识》，实在觉得没有这么一回事；尤其是楚国，这"楚子"的称呼，恐怕只是儒家的玩意儿罢了。此外如那样的褒扬宋伯姬，也颇可疑。故鄙见以为认《春秋》有尔许微言大义的说法，固然不对；若竟认为是鲁国的"政府公报"的原本，似亦未合。你以为然否？希望赐答为荷。

弟玄同白

十九，十二，十九

选自《胡适论学近著》第一集卷五（商务印书馆一九三五年版）

# 发起《读书杂志》的缘起

　　差不多一百年前，清朝的大学者王念孙和他的儿子王引之两个人合办了一种不朽的杂志，叫做《读书杂志》。这个杂志前后共出了七十六卷，这一百年来，也不知翻刻翻印了多少次了！我们想像那两位白发的学者——一位八十多岁，一位六十多岁——用不老的精神和科学的方法，校注那许多的古书来嘉惠我们，那一副"白发校书图"还不够使我们少年人惭愧感奋吗？我是崇拜高邮王氏父子的一个人，现在发起这个新的《读书杂志》，希望各位爱读书的朋友们把读书研究的结果，借他发表出来。一来呢，各人的心得可以因此得着大家的批评。二来呢，我们也许能引起国人一点读书的兴趣，——大家少说点空话，多读点好书！

原载一九二二年九月三日《读书杂志》第一期

# 读王国维先生的《曲录》

读王国维先生《曲录》六卷，《晨风阁丛书》本。今早出门，买得《晨风阁丛书》，内有《曲录》及《戏曲考原》。我前曾见《曲苑》内所收《曲录》二卷，甚不满意；前次《小说月报》中颉刚的小记一条，始知《曲苑》本为初读不完全的稿本，故买此本读之。

《曲录》卷一为《宋金杂剧院本部》，凡九百七十七种，多采自周密的《武林旧事》及陶宗仪《辍耕录》。此外尚有采自钱曾《也是园书目》之《宋人词话》十二种，当日犹未知其非戏曲也；至近年江东老蟫觅得《京本通俗小说》九种，共四册，三册上有钱遵王图章，而其中《错斩崔宁》和《冯玉梅团圆》两种即见于《也是园书目》的，人始知此十二种乃是话本，不是戏曲。后罗振玉借得《唐三藏取经诗话》，影印行世，始知当日"诗话"、"词话"皆是当日平话的种类。钱曾误列此十二种入戏曲部，王先生沿其误而不及改。以此类推，周陶两目所列九百余种中，定有许多不是曲文，其以调名（如《金明池》，《山麻稽》）或以事系曲调者（如《四皓逍遥乐》，《请客薄媚》，《柳批上官降黄龙》）固是曲，无疑；其以事系扮演之脚色者（如《货郎孤》，《贫富旦》，孤与旦皆脚色名目）亦无疑。但其中有

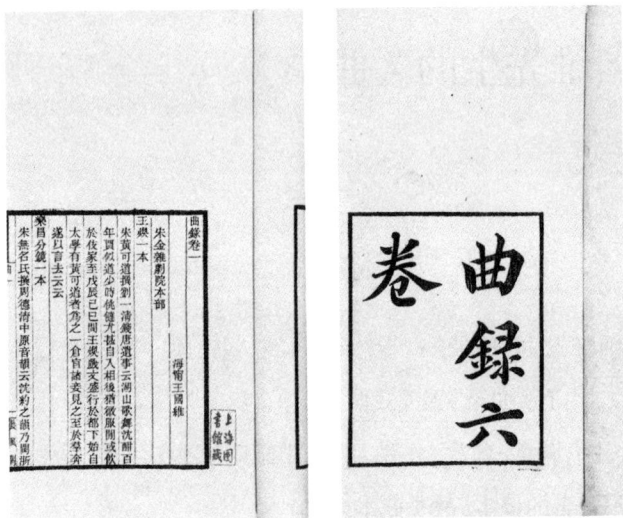

以事名者(如《刺董卓》,如《悬头梁上》),有以人名者(如《王安石》,如《史弘肇》),皆不一定为曲文。《王安石》也许和《京本通俗小说》中的《拗相公》同是一本。其中最明显的是页二十八之《太公家教》一本,此本之非曲文,王先生后来在他处曾得着铁证,已无可疑。又页四二以下之"官名""飞禽名""花名",等等,大概也都是话本。

卷二列有主名之元杂剧四百九十六种。卷三列有主名之明杂剧一百五十六种,元明无名氏杂剧二百六十六种,清杂剧有主名的六十九种,无名氏十四种:共五百〇五种。计二卷,可定为元明清三朝杂剧的,其一千〇一种。

卷四列传奇,有主名的二百六十七种,无名的百二十种。其首列之董解元《西厢》,乃弦索弹词,不当列在此。又此三百八十多种,只有五六种是元人做的,大概皆元末明初人;其余皆明人之作。

卷五列清代传奇,有主名的四百三十七种,无名的三百七十二种,附禁书目中六种,共八百十五种。中如归庄的《万古愁》明是弹词,高鹗的《红楼梦》明是小说,皆不当列入。又如舒位的《修箫谱》四种,皆是极短的杂剧,也不当列入传奇之部。此外,遗漏的当不少。如曹寅的《虎口余生》(《铁冠图》),原署《遗民外史》,此录列入无名氏。曹寅作曲大概不少,今皆不可考了。

计五卷所列,三朝曲本共存三千一百七十八种之目。其全本留传者,大概只有十之二三了。"正统文学"之害,真烈于焚书之秦始皇!文学有正统,故人不识文学:人只认得正统文学,而不认得时代文学。收藏之家,宁出千金买一部绝无价值之宋版唐人小集,而不知收集这三朝的戏曲的文学,岂不可惜!

全本既不可得,则保存一部分精华之各种总集为可贵了。《曲录》于此类总集,也有小错误。如《诚斋乐府》不当在"小令套数部";如重要选本如《缀白裘》，竟不曾收入；又如《曲谱》中既收那些有曲无白的谱，而反遗去曲白俱全之《六也曲谱》等：都是短处。

此书出版于宣统元年，已近十四年了。这十四年中，戏曲新材料加添了不少。我们希望王先生能将此书修改一遍，于每目下注明"存"、"佚"，那就更有用了。

原载一九二三年三月四日《读书杂志》第七期

# 读梁漱溟先生的《东西文化及其哲学》

> 我是自己有一套思想，再来看孔家诸经的：看了孔经，先有自己意见，再来视宋、明人书的：始终拿自己思想作主。（本书页二七九）

我们读梁漱溟先生的这部书，自始至终，都该牢牢记得这几句话。并且应该认得梁先生是怎样的一个人：他自己说：

> 我这个人本来很笨，很呆，对于事情总爱靠实，总好认真。……我自从会用心思的年龄起，就爱寻求一条准道理，最怕听"无可无不可"的话，所以对于事事都自己有一点主见，而自己的生活行事都牢牢的把定着一条线去走。（本书自叙）

我们要认清梁先生是一个爱寻求一条"准道理"的人，是一个"始终拿自己思想作主"的人。懂得这两层，然后可以放胆读他这部书，然后可以希望领会他这书里那"真知灼见"的部分，和那蔽于主观成见或武断太过的部分。

1

梁先生第一章绪论里，提出三个意思。第一，他说此时东方化与西方化已到了根本上的接触，形势很逼迫了，有人还说这问题不很迫切，那是全然不对的（页四至十一）。第二，那些人随便主张东西文化的调和融通，那种"糊涂，疲缓，不真切的态度，全然不对。"（页十二至十八）第三，大家怕这个问题无法研究，也是不对的。"如果对于此问题觉得是迫切，当真要求解决，自然自己会要寻出一条路来。"（页十八至二十）

这三层意思是梁先生著书的动机，所以我们应该先看看这三层的论点如何。

梁先生是"始终拿自己思想作主"，故我们先讨论那关于他自己思想的第三点。他说，"我的生活与思想见解是成一整个的。思想见解到那里，就做到那里。"又说，"旁人对于这个问题自己没有主见，并不要紧，而我对于此问题，假使没有解决，我就不晓得我作何种生活才好！"（页十九）这种知行合一的精神，自然是我们应该敬仰佩服的。然而也正因为梁先生自己感觉这个问题如此迫切，所以他才有第一层意思，认定这个问题在中国今日果然是十分迫切的了。他觉得现在东方化受西方化逼迫得紧的形势之下，应付的方法不外三条路：

（一）倘然东方化与西方化果真不并立而又无可通，到今日要绝其根株，那么，我们须要自觉的如何彻底的改革，赶快应付上去，不要与东方化同归于尽。

（二）倘然东方化受西方化的压迫不足虑，东方化确要翻身

的, 那么, 与今日之局面如何求其通, 亦须有真实的解决, 积极的
做去, 不要作梦发呆, 辛致倾覆。

（三）倘然东方化与西方化果有调和融通之道, 那也一定不
是现在这种"参用西法"可以算数的, 须要赶快有个清楚明白的解
决, 好打开一条活路, 决不能存疲缓的态度。（页十）

梁先生虽指出这三条路, 然而他自己只认前两条路; 他很严厉的骂那
些主张调和融通的人, 说"不知其何所见而云然!"所以我们此时且不谈
那第三条路。

对于那前两条路, 梁先生自己另有一种很奇异的见解。他把东西文化
的问题写成下列的方式:

东方化还是要连根的拔去, 还是可以翻身呢?

接着就是他自己的奇异解释:

此处所谓"翻身", 不仅说中国人仍旧使用东方化而已; 大约
假使东方化可以翻身, 亦是同西方化一样, 成一种世界的文化——
现在西方化所谓科学和德谟克拉西的色彩, 是无论世界上那一地
方人皆不能自外的。

所以此刻问题, 直截了当的, 就是:

东方化可否翻身成为一种世界文化?
如果不能成为世界文化, 则根本不能存在。若仍可以存在, 当

231

然不能仅只使用于中国，而须成为世界文化。（页十二）

这是梁先生的书里的最主要问题，读者自然应该先把这问题想一想，方才可以读下去。

我们觉得梁先生这一段话似乎不免犯了拢统的毛病。第一，东西文化的问题是一个很复杂的问题，决不是"连根拔去"和"翻身变成世界文化"两条路所能完全包括。至于"此刻"的问题，更只有研究双方文化的具体特点的问题，和用历史的精神与方法寻求双方文化接触的时代如何选择去取的问题，而不是东方化能否翻身为世界文化的问题。避去了具体的选择去取，而讨论那将来的翻身不翻身，便是拢统。第二，梁先生的翻身论是根据在一个很拢统的大前提之上的。他的大前提是：

> 凡一种文化，若不能成为世界文化，则根本不能存在；若仍可存在，当然不能限于一国，而须成为世界文化。

这种逻辑是很可惊异的。世界是一个很大的东西，文化是一种很复杂的东西。依梁先生自己的分析（页十三），一种文化不过是一个民族生活的种种方面。他总括为三方面：精神生活，社会生活，物质生活。这样多方面的文化，在这个大而复杂的世界上，不能没有时间上和空间上的个性的区别。在一个国里，尚且有南北之分，古今之异，何况偌大的世界？若否认了这种种时间和空间的区别，那么，我们也可以说无论何种劣下的文化都可成为世界文化。我们也许可以劝全世界人都点"极黑暗的油灯"，都用"很笨拙的骡车"，都奉喇嘛教，都行君主独裁政治；甚至于鸦片，细腰，穿鼻，缠足，如果走运行时，何尝都没有世界化的资格呢？故就一种生活或制度的抽象的可能性上看来，几乎没有一件不能成为世界化的。

再从反面去看，若明白了民族生活的时间和空间的区别，那么，一种文化不必须成为世界文化，而自有他存在的余地。米饭不必成为世界化，而我们正不妨吃米饭；筷子不必成为世界化，而我们正不妨用筷子；中国话不必成为世界语，而我们正不妨说中国话。

所以我们在这里要指出梁先生的出发点就犯了拢统的毛病，拢统的断定一种文化若不能成为世界文化，便根本不配存在；拢统的断定一种文化若能存在，必须翻身成为世界文化。他自己承认是"牢牢的把定一条线去走"的人，他就不知不觉的推想世界文化也是"把定一条线去走"的了。从那个拢统的出发点，自然生出一种很拢统的"文化哲学"。他自己推算这个世界走的"一条线"上，现在是西洋化的时代，下去便是中国化复兴成为世界文化的时代，再下去便是印度化复兴成为世界文化的时代（页二五九以下）。这样"整齐好玩"的一条线，有什么根据呢？原来完全用不着根据，只须梁先生自己的思想，就够了。梁先生说：

> 我并非有意把他们弄得这般整齐好玩，无奈人类生活中的问题实有这么三层次，其文化的路径就有这么三转折，而古人又恰好把这三路都已分别走过，所以事实上没法要他不重走一遭。吾自有见而为此说，令人或未必见谅，然吾亦岂求谅于今人者？（页二六一——二）

是的。这三条路，古人曾分别走过；现在世界要走上一条线了，既不能分别并存，只好轮班挨次重现一次了。这种全凭主观的文化轮回说，是无法驳难的，因为梁先生说"吾自有见而为此说。吾亦岂求谅于今人者！"

凡过信主观的见解的，大概没有不武断的。他既自有见而为此说，又自己声明不求谅于今人，我们还有什么话可说呢？他这种勇于自信而倾于武断的态度，在书中屡次出现。最明显的是在他引我论淑世主义的话之后，他说：

> 这条路（淑世主义）也就快完了。……在未来世界，完全是乐天派的天下，淑世主义过去不提。这情势具在。你已不必辩，辩也无益。（页二五二）

我也明知"辩也无益"，所以我沉默了两年，至今日开口，也不想为无益之辩论，只希望能指出梁先生的文化哲学是根据于一个很拢统的出发点的，而这种拢统的论调只是梁先生的"牢牢的把定一条线去走"。"爱寻求一条准道理"的人格的表现，用一条线的眼光来看世界文化，故世界文化也只走一条线了。自己寻得的道理，便认为"准道理"，故说"吾自有见而为此说"，"你不必辩，辩也无益"。

不明白这一层道理的，不配读梁先生的书。

## 2

上文只取了梁先生的绪论和结论的一部分来说明这种主观化的文化哲学。现在我们要研究他的东西文化观的本身了。

梁先生先批评金子马治，北聆吉论东西文化的话，次引陈独秀拥护德谟克拉西和赛恩斯两位先生的话，认为很对很好。梁先生虽然承认"西方文化即赛恩斯和德谟克拉西两精神的文化"，但梁先生自己是走"一条线"的人，总觉得"我们说话时候非双举两种不可，很像没考究到家的样子"。所以他还要做一番搭题的工夫，要把德赛两先生并到一条线上去，才算"考究到家"了。这两位先生若从历史上研究起来，本来是一条路上的人。然而梁先生并不讲历史，他仍用他自己的思想作主，先断定"文化"只是一个民族的生活样子，而"生活"就是"意欲"；他有了这两个绝大的断定，于是得着西方文化的答案：

> 如何是西方化？西方化是以意欲向前要求为其根本精神的。（页三一）

我们在这里，且先把他对于中国、印度的文化的答案，也抄下来，好作比较：

> 中国文化是以意欲自为调和持中为其根本精神的。（页七一）
> 印度文化是以意欲反身向后要求为其根本精神的。（页七二）

梁先生自己说他观察文化的方法道：

> 我这个人未尝学问，种种都是妄谈，都不免"强不知以为知"，心里所有只是一点佛家的意思，我只是本着一点佛家的意思裁量一切，这观察文化的方法也别无所本，完全是出于佛家思想。（页六一——二）

我们总括他的说法，淘汰了佛书的术语，大旨如下：

> 所谓生活，就是现在的我（即是现在的意欲）对于前此的我（即是那始成定局的宇宙）之奋斗，……前此的我为我当前的

"碍"。……当前为碍的东西是我的一个难题；所谓奋斗，就是应付困难，解决问题。（页六四——五）

这点总纲，似乎很平易，然而从这里发出三个生活的样法：

（一）向前面要求，就是奋斗的态度，这是生活本来的路向。

（二）对于自己的意思变换，调和，持中；回想的随遇而安。

（三）转身向后去要求，想根本取消当前的问题或要求。（页六九——七〇）

依梁先生的观察，这三条路代表三大系的文化：

（一）西方文化走的是第一条路，

（二）中国文化走的是第二条路，

（三）印度文化走的是第三条路。（页七二）

以上所引，都是本书第二第三两章中的。但梁先生在第四章比较东西哲学的结果，又得一个关于三系文化的奇妙结论。他说：（页二〇六）

（一）西洋生活是直觉运用理智的。

（二）中国生活是理智运用直觉的。

（三）印度生活是理智运用现量的。

"现量"就是感觉（Sensation），理智就是"比量"，而直觉乃是比量与现量之间的一种"非量"，就是"附于感觉——心王——

（上）◎《东方杂志》刊登的梁漱溟文章

（下）◎ 梁漱溟信札

之受，想，二心所"。(页九三)

以上我们略述梁先生的文化观察。我们在这里要指出梁先生的文化观察也犯了拢统的大病。我们也知道有些读者一定要代梁先生抱不平，说："梁先生分析的那样仔细，辨别的那样精微，而你们还要说他拢统，岂非大冤枉吗？"是的，我们正因为他用那种仔细的分析和精微的辨别，所以说他"拢统"。文化的分子繁多，文化的原因也极复杂，而梁先生要想把每一大系的文化各包括在一个简单的公式里，这便是拢统之至。公式越整齐，越简单，他的拢统性也越大。

我们试先看梁先生的第一串三个公式：

(一)西方化的根本精神是意欲向前要求。

(二)中国化的根本精神是意欲自为调和持中。

(三)印度化的根本精神是意欲反身向后要求。

这岂不简单？岂不整齐？然而事实上全不是那么一回事。西方化与印度化，表面上诚然很像一个向前要求，一个向后要求；然而我们平心观察印度的宗教，何尝不是极端的向前要求？梁先生曾提及印度人的"自饿不食，投入寒渊，赴火炙灼，赤身裸露，学着牛狗，龁草吃粪，在道上等车来轧死，上山去找老虎。"我们试想这种人为的是什么？是向后吗？还是极端的奔赴向前，寻求那最高的满足？我们试举一个例：

释宝崖于益州城西路首，以布裹左右五指，烧之。……并烧二手。于是积柴于楼上，作干麻小室，以油润之。自以臂挟炬。麻燥油浓，赫然火合。于炽盛之中礼拜。比第二拜，身面焦坼，重复一拜，身

踏炭上。(胡寅《崇正辨》二, 二三)

试想这种人, 在火焰之中礼拜, 在身面焦坏之时还要礼拜, 这种人是不是意欲极端的向前要求? 梁先生自己有时也如此说:

> 大家都以为印度人没法生活才来出世, 像詹姆士所说, 印度人胆小不敢奋斗以求生活, 实在闭眼瞎说! 印度人实在是极有勇气的, 他们那样坚苦不挠, 何尝不是奋斗? (页一四八)

是的! 印度人也是奋斗, 然而 "奋斗" (向前要求) 的态度, 却是第一条路 (页六九)。所以梁先生断定印度化是向后要求的第三条路, 也许他自己有时要说是 "实在闭眼瞎说" 呢!

以上所说, 并非为无益之辩, 只是要指出, 梁先生的简单公式是经不起他自己的反省的。印度化与西洋化, 表面上可算两极端了, 然而梁先生说他俩都是奋斗, 即都是向前要求。

至于那 "调和持中"、"随遇而安" 的态度, 更不能说那一国文化的特性。这种境界乃是世界各种民族的常识里的一种理想境界, 绝不限于一民族或一国。见于哲学书的, 中国儒家有《中庸》, 希腊有亚里士多德的《伦理学》, 而希伯来和印度两民族的宗教书里也多这种理想。见于民族思想里的, 希腊古代即以 "有节" 为四大德之一, 而欧洲各国都有这一类的民谣。至于诗人文学里, "知足"、"安命"、"乐天" 等等更是世界文学里极常见的话, 何尝是陶潜、白居易独占的美德? 然而这种美德始终只是世界民族常识里的一种理想境界, 无论在那一国, 能实行的始终只有少数人。梁先生以为:

中国人的思想是安分知足，寡欲摄生，而绝没有提倡要求物质享乐的；却亦没有印度的禁欲思想。不论境遇如何，他都可以满足安受，并不定要求改造一个局面。（页八四）

梁先生难道不睁眼看看古往今来的多妻制度，娼妓制度，整千整万的提倡醉酒的诗，整千整万恭维婊子的诗，《金瓶梅》与《品花宝鉴》，壮阳酒与春宫秘戏图？这种东西是不是代表一个知足安分寡欲摄生的民族的文化？只看见了陶潜、白居易，而不看见无数的西门庆与奚十一；只看见了陶潜、白居易诗里的乐天安命，而不看见他们诗里提倡酒为圣物而醉为乐境，——正是一种"要求物质享乐"的表示：这是我们不能不责备梁先生的。

以上所说，并不是有意吹毛求疵，只是要指出梁先生发明的文化公式，只是闭眼的拢统话，全无"真知灼见"。他的根本缺陷只是有意要寻一个简单公式，而不知简单公式决不能笼罩一大系的文化，结果只有分析辨别的形式，而实在都是一堆拢统话。

我们再看他那第二串的三个公式：

（一）西洋生活是直觉运用理智。
（二）中国生活是理智运用直觉。
（三）印度生活是理智运用现量。

这更是荒谬不通了。梁先生自己说：

现量，理智，直觉，是构成知识的三种工具。一切知识都是由这三种作用构成。虽然各种知识所含的三种作用有成分轻重的不

同，但是非要具备这三种作用不可，缺少一种就不能成功的。（页六九）

单用这一段话，已可以根本推翻梁先生自己的三个公式了。既然说，知识非具备这三种作用不可，那么，也只是因为"各种知识"的性质不同，而成分有轻重的不同；何至于成为三种民族生活的特异公式呢？例如诗人赏花玩月，商人持筹握算，罪人鞭背打屁股，这三种经验因为性质不同，而有成分的轻重，前者偏于直觉，次者偏于理智，后者偏于现量，那是可能的。但人脑的构造，无论在东在西，决不能因不同种而有这样的大差异。我们可以说甲种民族在某个时代的知识方法比乙种民族在某个时代的知识方法精密的多；正如我们说近二百年来的西洋民族的科学方法大进步了。这不过好像我们说汉儒迂腐，宋儒稍能疑古，而清儒治学方法最精。这都不过是时间上，空间上的一种程度的差异。梁先生太热心寻求简单公式了，所以把这种历史上程度的差异，认作民族生活根本不同方向的特征，这已是大错了。他还更进一步，凭空想出某民族生活是某种作用运用某种作用，这真是"玄之又玄"了。

试问直觉如何运用理智？理智又如何运用直觉？理智又如何运用现量？

这三个问题，只有第一问梁先生答的稍为明白一点。他说：

一切西洋文化悉由念念认我向前要求而成。这"我"之认识，感觉所不能为，理智所不能为，盖全出于直觉所得。故此直觉实居主要地位；由其念强，才奔着去求，而理智则其求时所用之工具。所以我们说西洋生活是以直觉运用理智的。读者幸善会其意而无以词害意。（二〇七）

梁先生也知道我们不能懂这种玄妙的话，故劝我们"善会其意而无以词害意"。但我们实在无法善会其意！第一，我们不能承认"我"之认识全出于直觉所得。哲学家也许有发这种妙论的；但我们知道西洋近世史上所谓"我"的发现，乃是一件极平常的事件，正如昆曲《思凡》里的小尼姑的春情发动，不愿受那尼庵的非人生活了，自然逃下山去。梁先生若细读这一出"我"的发现的妙文，或英国诗人白朗吟（Browning）的Fra Lippo Lippi便可以知道这里面也有情感，也带理智，而现量（感觉）实居主要。第二，即使我们闭眼承认"我"之认识由于直觉，然而"我"并不即等于直觉；正如哥仑布发现美洲，而美洲并不等于哥仑布。故"我之认识由于直觉"一句话，即使不是瞎说，也决不能引出"直觉运用理智"的结论。

此外，梁先生解释"理智运用直觉"一段，我老实承认全不懂得他说的是什么。幸而梁先生自己承认这一段话是"很拙笨不通"（二〇九），否则我们只好怪自己拙笨不通了。

最后，梁先生说"理智运用现量"一层，我们更无从索解。佛教的宗教部分，固然是情感居多，然而佛家的哲学部分却明明是世界上一种最精深的理智把戏。梁先生自己也曾说：

　　　在印度，那因明学唯识学秉一种严刻的理智态度，走科学的路。
（页八六）

何以此刻（页二〇九）只说印度生活是"理智运用现量"呢？梁先生的公式热，使他到处寻求那简单的概括公式，往往不幸使他陷入矛盾而不自觉。如上文梁先生既认印度化为奋斗，而仍说他是向后要求：如这里梁先生既认印度的因明唯识为走科学的路，而仍硬派他入第三个公式。"整齐好玩"则有余了，只可恨那繁复多方的文化是不肯服服帖帖叫人装进整齐好玩的公式里去的。

3

我们现在要对梁先生提出一点根本的忠告，就是要说明文化何以不能装入简单整齐的公式里去。梁先生自己也曾说过生活就是现在的我对宇宙的奋斗，"我们的生活无时不用力，即是无时不奋斗。当前为碍的东西是我的一个难题；所谓奋斗就是应付困难，解决问题"。（页六四）当梁先生说这话时，他并不曾限制他的适用的区域。他说：

> 差不多一切有情——生物——的生活，都是如此，并不单是人类为然。（页六五）

我们很可以用这一点做出发点：生活即是应付困难，解决问题。而梁先生又说：

> 文化并非别的，乃是人类生活的样法。（页六八）

这一句话，我们也可以承认（梁先生在这里又把文化和文明分作两事，但那个区别是不能自圆其说的，况且和梁先生自己在页十三上说的话互相矛盾，故我们可以不采他这个一时高兴的辨析）。梁先生又说：

> 奋斗的态度，遇到问题都是对于前面去下手，……改造局面，

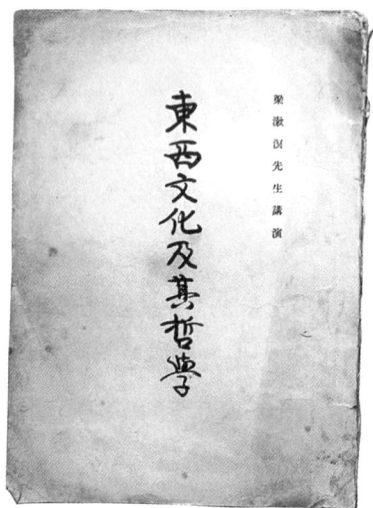

大家
讲坛

244

使其可以满足我们的要求：这是生活本来的路向。（页六九）

这也是我们可以承认的。但我们和梁先生携手同行到这里，就不能不分手了。梁先生走到这里，忽然根本否认他一向承认的"一切有情"都不能违背的"生活本来的路向"！他忽然说中国人和印度人的生活是不走这"生活本来的方向"的！他忽然很大度的把那条一切有情都是如此的生活本路让与西洋人去独霸！梁先生的根本错误就在此一点。

我们的出发点只是：文化是民族生活的样法，而民族生活的样法是根本大同小异的。为什么呢？因为生活只是生物对环境的适应，而人类的生理的构造根本上大致相同，故在大同小异的问题之下，解决的方法，也不出那大同小异的几种。这个道理叫做"有限的可能说"（The principle of limited possibilities）。例如饥饿的问题，只有"吃"的解决。而吃的东西或是饭，或是面包，或是棒子面，……而总不出植物与动物两种，决不会吃石头。御寒的问题，自裸体以至穿重裘，也不出那有限的可能。居住的问题，自穴居以至广厦层楼，根本上也只有几种可能。物质生活如此，社会生活也是如此。家庭的组织，也只有几种可能：杂交，一夫多妻，一妻多夫，一夫一妻，大家族或小家庭，宗子独承产业或诸子均分遗产。政治的组织也只有几种可能：独裁政治，寡头政治，平民政治。个人对社会的关系也有限的：个人主义与社会主义；自由与权威。精神生活也是如此的。言语的组织，总不出几种基本配合；神道的崇拜，也不出几种有限的可能。宇宙的解释，本体问题，知识的问题，古今中外，可曾跳出一元，二元，多元；唯心，唯物；先天，后天，等等几条有限的可能？人生行为的问题，古今中外，也不曾跳出几条有限的路子之外。至于文学与美术的可能方式，也不能不受限制：有韵与无韵，表现与象征，人声与乐器，色彩是有限的，乐音是有限的。这叫做有限的可能。

凡是有久长历史的民族，在那久长的历史上，往往因时代的变迁，环境的不同，而采用不同的解决样式。往往有一种民族而——试过种种可能的变法的。政治史上，欧洲自希腊以至今日，印度自吠陀时代以至今日，中国自上古以至今日，都曾试过种种政治制度：所不同者，只是某种制度（例如多头政治）在甲民族的采用在古代，而在乙民族则上古与近代都曾采用；或某种制度（例如封建制度）在甲国早就消灭了，而在乙国则至最近世还不曾划除。又如思想史上，这三大系的民族都曾有他们的光明时代与黑暗时代。思想是生活的一种重要工具，这里面自然包含直觉，感觉，与理智三种分子，三者缺一不可。但思想的方法不是一朝一夕可以完备的。往往积了千万年的经验，到了一个成人时期，又被外来的阻力摧折毁坏了，重复陷入幼稚的时期。印度自吠陀时代以至玄奘西游之时，几千年继续磨练的结果，遂使印度学术界有近于科学的因明论理与唯识心理。这个时代，梁先生也承认是"严刻的理智态度，走科学的路"。但回教不久征服印度了，佛教不久就绝迹于印度，而这条"科学的路"遂已开而复塞了。中国方面，也是如此。自上古以至东周，铢积寸累的结果，使战国时代呈现一个灿烂的哲学科学的时期。这个时代的学派之中，如墨家的成绩，梁先生也不能不认为"西洋适例"（页一七四）。然而久长的战祸，第一个统一帝国的摧残，第二个统一帝国的兵祸与专制，遂又使个成熟的时期的思想方法逐渐退化，陷入谶纬符命的黑暗时代。东汉以后，王充以至王弼，多少才士的反抗，终久抵不住外族的大乱与佛教（迷信的佛教，这时候还没有因明唯识呢）的混入中国！一千年的黑暗时代逐渐过去之后，方才有两宋的中兴。宋学是从中古宗教里滚出来的，程颐、朱熹一派认定格物致知的基本方法。大胆的疑古，小心的考证，十分明显的表示一种"严刻的理智态度，走科学的路"。这个风气一开，中间虽有陆、王的反科学的有力运动，终不能阻止这个科学的路重现而大盛于最近的三百年。这三百年的学术，自顾炎武、阎若璩以至戴震、崔述、王念孙、王引之，以至孙诒让、章炳麟，我们决不能不说是"严刻的理智态度，走科学的路"。

然而梁先生何以闭眼不见呢？只因为他的成见太深，凡不合于他的成见的，他都视为"化外"。故孔、墨先后并起，而梁先生忍心害理的说"孔子代表中国，而墨子则西洋适例！"（页一七四）故近世八百年的学术史上，他只认"晚明泰州王氏父子心斋先生东崖先生为最合我意"，而那影响近代思想最大最深的朱熹竟一字不提！他对于朱学与清朝考据学，完全闭眼不见，所以他能说：

科学方法在中国简直没有。（页八六）

究竟是真没有呢？还是被梁先生驱为"化外"了呢？

我们承认那"有限的可能说"，所以对于各民族的文化不敢下拢统的公式。我们承认各民族在某一个时代的文化所表现的特征，不过是环境与时间的关系，所以我们不敢拿"理智"、"直觉"等等简单的抽象名词来概括某种文化，我们拿历史眼光去观察文化，只看见各种民族都在那"生活本来的路"上走，不过因环境有难易，问题有缓急，所以走的路有迟速的不同，到的时候有先后的不同。历史是一面照妖镜，可以看出各种文化的原形；历史又是一座摩镜台，可以照出各种文化的过去种种经过。在历史上，我们看出那现在科学化（实在还是很浅薄的科学化）的欧洲民族也曾经过一千年的黑暗时代，也曾十分迷信宗教，也曾有过寺院制度，也曾做过种种苦修的生活，也曾极力压抑科学，也曾有过严厉的清净教风，也曾为卫道的热心烧死多少独立思想的人。究竟民族的根本区分在什么地方？至于欧洲文化今日的特色，科学与德谟克拉西，事事都可用历史的事实来说明：我们只可以说欧洲民族在这三百年中，受了环境的逼迫，赶上了几步，在征服环境的方面的成绩比较其余各民族确是大的多多。这也不是奇事：本来赛跑最怕赶上；赶上一步之后，先到的局面已成。但赛跑争先，虽然只有一个人得第一，落后的人，虽不能抢第一，而慢慢走去终也有到目的地的时候。现在全世界大通了，当初鞭策欧洲人的环境和问题现在又来鞭策我们了。将来中国和印度的科学化与民治化，是无可疑的。他们的落后，也不过是因为缺乏那些逼迫和鞭策的环境与问题，并不是因为他们的生活方式上有什么持中和向后的根本毛病，也并不是因为他们的生活上有直觉和现量的根本区别。民族的生活没有不用智慧的。但在和缓的境地之下，智慧稍模糊一点，还不会出大岔子；久而久之，便养成疏懒的智慧习惯了。直到环境逼人而来，懒不下去了，方才感发兴起，磨练智慧，以免淘汰。幼稚的民族，根行浅薄，往往当不起环境的逼迫，往往成为环境的牺牲。至于向来有伟大历史的民族，只要有急起直追的决心，终还有生存自立的机会。自然虽然残酷，但他还有最慈爱的一点；就是后天的变态大部分不致遗传下去。一千年的缠足，一旦放了，仍然可以恢复天足！这是使我们对于前途最可乐观的。

梁先生和我们大不相同的地方，只是我们认各种民族都向"生活本来的路"走，而梁先生却认中国、印度另走两条路。梁先生说：

> 中国人不是同西方人走一条路线，因为走的慢，比人家慢了几十里路。若是同一路线而少走些路，那么，慢慢的走，终究有一天赶的上。若是各自走到别的路线上去，别一方向上去，那么，无论走好久，也不会走到那西方人所达到的地点上去的！（页八四）

若照这样说法，我们只好绝望了。然而梁先生却又相信中国人同西洋人接触之后，也可以科学化，也可以民治化。他并且预言全世界西方化之后，还可以中国化，还可以印度化。如此说来，文化的变化岂不还是环境的关系吗？又何尝有什么"抽象的样法"的根本不同呢？他既不能不拿环境的变迁来说明将来的文化，他何不老实用同样的原因来说明现在的文化的偶然不同呢？

这篇文章，为篇幅所限，只能指出原书的缺陷，而不及指出他的许多好处（如他说中国人现在应该"排斥印度的态度，丝毫不能容留"一节），实在是我们很抱歉的。

原载一九二三年四月一日《读书杂志》第八期

## 附录一 梁漱溟先生第一次来书

顷奉手示，并《读书杂志》见教一文，敬诵悉。往者此书出版曾奉一册请正，未见诲答。兹承批评，敢不拜嘉？独惜限于篇幅，指示犹嫌疏略，于漱溟论文化转变处，未能剀切相诲；倘更辱评论其致误之由，而曲喻其所未达，则蒙益者，宁独一漱溟乎？至尊文间或语近刻薄，颇失雅度；原无嫌怨，曷为如此？愿复省之。……匆复

适之先生

漱溟手复 四月一日

# 附录二 答书

漱溟先生：

顷奉手书，有云，"尊文间或语近刻薄，颇失雅度；原无嫌怨，曷为如此？"

"嫌怨"一语，未免言重，使人当不起。至于刻薄之教，则深中适作文之病。然亦非有意为刻薄也。适每谓吾国散文中最缺乏诙谐风味，而最多板板面孔说规矩话。因此，适作文往往喜欢在极庄重的题目上说一两句滑稽话，有时不觉流为轻薄，有时流为刻薄。在辩论之文中，虽有时亦因此而增加效力，然亦往往因此挑起反感。如此文自信对于先生毫无恶意，而笔锋所至，竟蹈刻薄之习，至惹起先生"嫌怨"之疑，敢不自省乎？

得来示后，又复检此文，疑先生所谓刻薄，大概是指"一条线""闭眼"等等字样。此等处皆摭拾大著中语，随手用来为反驳之具，诚近于刻薄。然此等处实亦关于吾二人性情上之不同。适颇近于玩世，而先生则屡自言凡事"认真"。以凡事"认真"之人，读玩世滑稽之言，宜其扞格不入者多矣。如此文中，"宋学是从中古宗教里滚出来的"一个"滚"字，在我则为行文时之偶然玩意不恭，而在先生，必视为轻薄矣。又如文中两次用"化外"，此在我不过是随手拈来的一个Pun，未尝不可涉笔成趣，而在"认真"如先生者，或竟以为有意刻薄矣。轻薄与刻薄固非雅度，然凡事太认真亦非汪汪雅度也。如那年第三院之送别会，在将散会之际，先生忽发"东方文化是什么"之问，此一例也。后来先生竟把孟和先生一时戏言笔之于书，以为此足证大家喜欢说虚伪的话。此又一例也。玩世的态度固可以流入刻薄；而认真太过，武断太过，亦往往可以流入刻薄。先生"东西文化"书中，此种因自信太过，或武断太过，而不觉流为刻薄的论调，亦复不少。页一六，页一六四即是我个人身受的两个例。此非反唇相稽也。

承先生不弃, 恳切相规, 故敢以此为报, 亦他山之错, 朋友之谊应尔耳。
先生想不以为罪乎?

......

适敬上 十二, 四, 二

## 附录三 第二次来书

适之先生:

承教甚愧! 早在涵容, 犹未自知也。溟迩来服膺阳明, 往时态度, 深
悔之矣。复谢。顺候

起居

漱溟顿首 四月四日

**图书在版编目（CIP）数据**

胡适谈读书 / 胡适著. -- 南昌：百花洲文艺出版社，
2016.1（2021.9重印）
　ISBN 978-7-5500-1623-1

　Ⅰ.①胡… Ⅱ.①胡… Ⅲ.①读书方法 – 文集 Ⅳ.①G792-53

中国版本图书馆CIP数据核字（2016）第019390号

## 胡适谈读书

胡适　著

| | |
|---|---|
| 责任编辑 | 胡青松　李　澜 |
| 书籍设计 | 方　方 |
| 制　　作 | 何　丹 |
| 出版发行 | 百花洲文艺出版社 |
| 社　　址 | 南昌市红谷滩新区世贸路898号博能中心20楼 |
| 邮　　编 | 330038 |
| 经　　销 | 全国新华书店 |
| 印　　刷 | 天津旭丰源印刷有限公司 |
| 开　　本 | 850mm×1168mm 1/16　　印张 16 |
| 版　　次 | 2016年6月第1版 |
| | 2021年9月第7次印刷 |
| 字　　数 | 150千字 |
| 书　　号 | ISBN 978-7-5500-1623-1 |
| 定　　价 | 29.00元 |

赣版权登字　05-2016-12

邮购联系　0791-86895108
网　　址　http://www.bhzwy.com
图书若有印装错误，影响阅读，可向承印厂联系调换。